STEIDL

taschenbuch 220

Günter Grass, 1927 in Danzig geboren, Schriftsteller, Bildhauer, Grafiker, erhielt 1999 den Nobelpreis für Literatur. Zuletzt erschienen seine autobiographischen Bücher *Beim Häuten der Zwiebel* und *Die Box* sowie *Unterwegs von Deutschland nach Deutschland,* sein Tagebuch aus dem Jahr 1990.

Günter Grass

Als der Zug abfuhr

Rückblicke auf die Wende

Steidl

09 10 11 12 13 9 8 7 6 5 4 3 2 1

Umschlaggestaltung: Steidl Design/Sarah Winter
unter Verwendung einer Zeichnung von Günter Grass
Satz, Druck, Bindung:
Steidl, Düstere Straße 4, D-37073 Göttingen
www.steidl.de
Printed in Germany
ISBN 978-3-86521-902-2

Inhalt

Lastenausgleich

Rede auf dem Parteitag der SPD in Berlin

Gustav Heinemann sprach vor zwanzig Jahren von »schwierigen Vaterländern«, eines nannte er beim Namen: Deutschland. Diese Feineinschätzung bestätigt sich gegenwärtig. Wieder einmal sieht es so aus, als werde vernunftbestimmtes Nationalbewußtsein von diffusem Nationalgefühl überschwemmt; beklommen bis verschreckt nehmen unsere Nachbarn den rücksichtslos herbeigeredeten Einheitswillen der Deutschen zur Kenntnis.

Das wirkliche Geschehen jedoch, wie sich das Volk der DDR von Tag zu Tag mehr Freiheiten erkämpft und dabei gewaltlos die Bastionen des verhaßten Systems schleift, dieser in der deutschen Geschichte einzigartige, weil revolutionäre und dennoch erfolgreiche Vorgang, droht in den Hintergrund zu geraten. Anderes, Zweitrangiges drängt sich vor. Einige westdeutsche Politiker beanspruchen die Rampe und selbstverständlich Rampenlicht. Während die Bundesregierung, vorneweg der Finanzminister, den Früchtekorb, drapiert mit glitzernden Versprechungen, immer höher hält und so den Revolutionären drüben immer gewagtere Sprünge abverlangt, versucht der Bundeskanzler, die Aufmerksamkeit der Welt auf sich und sein Zehn-Punkte-Programm zu lenken.

Und jenes staatsmännisch vorgetragene Flickwerk fand Beifall. Einige vernünftige Ansätze täuschten hinweg über Widersprüche und wahltaktische Auslassungen: Wieder einmal wurde die uneingeschränkte Anerkennung der polnischen Westgrenze verweigert.

Tags darauf folgte die Ernüchterung. Der faule Zauber wich. Die Wirklichkeit, das heißt berechtigte und auf Erfahrung gründende Sorgen der Nachbarn, holten den Deutschen Bundestag ein. Die Wortblase »Wiedervereinigung« platzte, weil niemand, der bei Verstand und geschlagen mit Gedächtnis ist, zulassen kann, daß es abermals zu einer Machtballung in der Mitte Europas kommt: Die Großmächte, nun wieder betont als Siegermächte, gewiß nicht, die Polen nicht, die Franzosen nicht, nicht die Holländer, nicht die Dänen. Aber auch wir Deutsche nicht, denn jener Einheitsstaat, dessen wechselnde Vollstrecker während nur knapp fünfundsiebzig Jahren anderen und uns Leid, Trümmer, Niederlagen, Millionen Flüchtlinge, Millionen Tote und die Last nicht zu bewältigender Verbrechen ins Geschichtsbuch geschrieben haben, verlangt nach keiner Neuauflage und sollte – so gutwillig wir uns mittlerweile zu geben verstehen – nie wieder politischen Willen entzünden.

Lernen wir vielmehr von unseren Landsleuten in der DDR, denen nicht, wie den Bürgern der Bundesrepublik, Freiheit geschenkt wurde, die sich vielmehr gegen den Widerstand des allumfassenden Systems ihre Freiheit erkämpfen mußten; eine drüben erstrittene Leistung, vor der wir hier, umstellt von Reichtum, arm dastehen.

Was soll also dieser Hochmut, der mit Glashausfassaden und Exportüberschüssen prahlt. Was soll dieses Besserwissen in Sachen Demokratie, deren erste Lektionen wir selbst allenfalls »ausreichend« begriffen haben. Was soll der Triumph über Skandale drüben, wenn unsere Skandale von der Neuen Heimat über Flick und Barschel bis zum Celler Loch ihren Gestank nicht loswerden. Und was soll – gemessen an den bescheidenen Wünschen der angeblichen Habenichtse da drüben – jene in Gestalt von Helmut Kohl hier fleischgewordene Selbstherrlichkeit! Haben wir vergessen, wollen wir, geübt im Verdrängen, nun auch verdrängen, daß auf dem kleineren deutschen Staat die Last des verlorenen Krieges weit mehr, als gerecht sein kann, drückte?

So sahen die Möglichkeiten der DDR nach 1945 aus, und so wirken sie nach bis heute: Kaum hatte das großdeutsche Zwangssystem seine Macht verloren, da griff schon mit neuen und gleichwohl altbekannten Zwängen das stalinistische System zu. Wirtschaftlich ausgebeutet von einer Sowjetunion, die zuvor vom Großdeutschen Reich ausgebeutet und zerstört worden war, beim Arbeiteraufstand im Juni 1953 sogleich sowjetischen Panzern konfrontiert, schließlich eingemauert, haben die Bürger der Deutschen Demokratischen Republik bezahlen müssen, auch stellvertretend für die Bürger der Bundesrepublik zahlen und draufzahlen müssen. Nach ungerechtem Maß haben nicht wir für sie, nein, sie für uns die Hauptlast des von allen Deutschen verlorenen Zweiten Weltkrieges getragen.

Also sind wir ihnen ziemlich viel schuldig. Nicht gönnerhaftes »Mal-kurz-unter-die-Arme-Greifen« oder flinkes Aufkaufen der »Konkursmasse« DDR ist gefragt, vielmehr ein weitreichender Lastenausgleich, fällig ab sofort und ohne weitere Vorbedingungen. Die Kürzung der Militärausgaben und eine Sondersteuer, die, je nach Vermögen, jeden Bundesbürger betrifft, können diese Bringschuld finanzieren.

Ich erwarte von meiner Partei, der Sozialdemokratischen Partei Deutschlands, daß sie sich diesen gerechten, überfälligen und selbstverständlichen Lastenausgleich zu eigen macht und als Forderung ersten Ranges in den Bundestag einbringt.

Erst dann, wenn unseren Landsleuten in der DDR, die erschöpft sind, denen das Wasser bis zum Hals steht, die sich dennoch Stück für Stück ihre Freiheit erkämpfen, auch von unserer Seite Gerechtigkeit widerfährt, erst dann können sie gleichberechtigt mit uns und wir mit ihnen über Deutschland und Deutschland, über zwei Staaten einer Geschichte und einer Kulturnation, über zwei konföderierte Staaten im europäischen Haus sprechen und verhandeln. Selbstbestimmung setzt umfassende, also auch ökonomische Unabhängigkeit voraus.

Das Blendwerk der zwar verführerischen, doch auf Dauer nichtsnutzen Wiedervereinigungsrhetorik beiseite geräumt, wird deutlich, daß die vom DDR-Ministerpräsidenten Hans Modrow vorgeschlagene Vertragsgemeinschaft der wirklichen Lage und ihren ferneren Möglichkeiten entspricht. So könnten paritätisch besetzte Ausschüsse neben naheliegenden Aufgaben im Verkehrs-, Energie- und Postbereich den in der Bundesrepublik fälligen und der DDR zustehenden Lastenausgleich regeln; sie könnten sich den schrittweisen Abbau des Verteidigungsetats zur friedenssichernden Aufgabe machen; sie könnten sodann in gemeinsamer deutscher Verantwortung die Entwicklungspolitik zugunsten der Dritten Welt koordinieren; auch den von Johann Gottfried Herder geprägten Begriff der Kulturnation mit neuen Inhalten anreichern; sie könnten – nicht zuletzt – der ohnehin grenzüberschreitenden Umweltzerstörung Halt gebieten.

Diese und mehr Anstrengungen werden, wenn sie erfolgreich sind, Raum schaffen für weitere deutsch-deutsche Annäherungen und so den Weg zu einer Konföderation beider Staaten ebnen; diese freilich, wenn sie gewollt wird, setzt Verzicht auf den Einheitsstaat im Sinne von Wiedervereinigung voraus.

Vereinigung als Einverleibung der DDR hätte Verluste zur Folge, die nicht auszugleichen wären: Denn nichts bliebe den Bürgern des anderen, nunmehr vereinnahmten Staates von ihrer leidvollen, zum Schluß beispiellos erkämpften Identität; ihre Geschichte unterläge dem dumpfen Einheitsgebot. Nichts wäre gewonnen außer einer beängstigenden Machtfülle, gebläht vom Gelüst nach mehr und mehr Macht. Allen Beteuerungen, selbst den gutgemeinten zum Trotz, wären wir Deutschen wieder zum Fürchten. Weil von unseren Nachbarn mit berechtigtem Mißtrauen aus zunehmender Distanz gesehen, könnte bald wieder einmal das Gefühl des Isoliertseins und mit ihm jene gemeingefährliche Mentalität aufkommen, die sich aus Selbstmitleid als »von Feinden umringt« begreift. Ein wiedervereinigtes Deutschland wäre ein komplexgeladener Koloß, der sich selbst und der Einigung Europas im Wege stände.

Hingegen würde eine Konföderation der beiden deutschen Staaten und deren erklärter Verzicht auf den Einheitsstaat der europäischen Einigung entgegenkommen, zumal diese, gleich dem neuen deutschen Selbstverständnis, eine konföderative sein wird.

Als Schriftsteller, dem die deutsche Sprache ein grenzüberschreitendes Vermögen ist, bin ich, solange ich Sätze kritisch abklopfe, dem Entweder-Oder, dieser unheilvollen Alles-oder-nichts-Sentenz konfrontiert. Noch steht uns eine dritte Möglichkeit als Antwort auf die deutsche Frage offen. Ich erwarte von meiner Partei, daß sie diese Möglichkeit erkennt und die Politik umsetzt.

Die SPD ist seit Jahrzehnten Schrittmacher und Baumeister einer friedfertigen, weil geschichtsbewußten Deutschlandpolitik. Wenn nicht schon zuvor, dann läßt sich jetzt, nach dem Bankrott des kommunistischen Dogmas, erkennen, daß der demokratische Sozialismus weltweit Zukunft hat. Ich bekenne: Die Rückkehr Alexander Dubčeks auf die politische Bühne hat mich ergriffen, aber auch in meinen politischen Vorstellungen bestätigt. Uns Sozialdemokraten sollte der Wandel in Ost- und Mitteleuropa Impulse geben. Wir brauchen sie. Zu viele Bedenkenträger haben oft genug unsere geforderte Tatkraft gehemmt. Die neunziger Jahre werden uns politischen Gestaltungswillen abverlangen. Im Verlauf der Geschichte haben die deutschen Sozialdemokraten diesen Willen manchmal unter Hausarrest gestellt, doch oft genug bewiesen: von August Bebel bis Willy Brandt; jetzt, Hans-Jochen Vogel, bist du an der Reihe.

Kurze Rede eines vaterlandslosen Gesellen

Rede in der Evangelischen Akademie in Tutzing

Als ich kurz vor Weihnachten, von Göttingen kommend, auf dem Hamburger Hauptbahnhof nach Lübeck umsteigen wollte, kam ein junger Mann auf mich zu, stellte mich regelrecht, nannte mich einen Vaterlandsverräter, ließ mich mit diesem nachhallenden Wort stehen, kam, nachdem ich mir einigermaßen gelassen eine Zeitung gekauft hatte, abermals auf mich zu, um nicht etwa leise drohend, vielmehr freiheraus anzukündigen, daß es nun Zeit sei, mit meinesgleichen aufzuräumen.

Nach erstem Ärger, den ich noch auf dem Bahnsteig abzuschütteln verstand, fuhr ich nachdenklich nach Lübeck. »Vaterlandsverräter!« Ein Wort, das, gepaart mit den »vaterlandslosen Gesellen«, zum Sprachschatz deutscher Geschichte gehört. Hatte der junge Mann nicht recht, als aus ihm kalte Wut sprach? Kann mir jenes Vaterland, zu dessen Gunsten mit meinesgleichen aufgeräumt werden soll, nicht gestohlen bleiben?

Es ist so: Ich fürchte mich nicht nur vor dem aus zwei Staaten zu einem Staat vereinfachten Deutschland, ich lehne den Einheitsstaat ab und wäre erleichtert, wenn er – sei es durch deutsche Einsicht, sei es durch Einspruch der Nachbarn – nicht zustande käme.

Natürlich ist mir bewußt, daß mein Standpunkt gegenwärtig Widerspruch auslöst, mehr noch, geeignet ist, Aggressionen von der Kette zu lassen, wobei ich nicht nur an den jungen Mann vom Hamburger Hauptbahnhof denke. Viel subtiler macht zur Zeit die »Frankfurter Allgemeine

Zeitung« mit Leuten, die sie kategorisch Linksintellektuelle nennen läßt, kurzen Prozeß. Es reicht ihren Herausgebern nicht, daß der Kommunismus bankrott ist, mit ihm soll auch der demokratische Sozialismus, samt Dubčeks Traum vom Sozialismus mit menschlichem Gesicht, am Ende sein. Das hatten Kapitalisten und Kommunisten immer gemein: die vorbeugende Verdammung eines dritten Weges. Deshalb wird jeder Hinweis auf die nunmehr erstrittene Eigenständigkeit der DDR und ihrer Bürger sogleich mit Umsiedlerzahlen verschüttet. Selbstbewußtsein, das sich trotz vierzig Jahre währender Unterdrückung leidend entwickelt und schließlich revolutionär behauptet hat, darf nur kleingedruckt Platz beanspruchen. So soll der Eindruck entstehen, daß in Leipzig und Dresden, in Rostock und Ostberlin nicht das Volk der DDR, sondern auf ganzer Linie der westliche Kapitalismus gesiegt hat. Und schon wird Beute gemacht. Kaum hat die eine Ideologie ihren Griff gelockert, dann aufgeben müssen, da greift die andere Ideologie wie altgewohnt zu. Notfalls zeigt man die marktwirtschaftlichen Folterinstrumente. Wer nicht spurt, kriegt nix. Nicht mal Bananen.

Nein, ein so unanständig auftrumpfendes, durch Zugriff vergrößertes Vaterland will ich nicht, wenngleich mir, außer einigen Gedanken, nichts zu Gebote steht, solche Spottgeburt zu verhindern. Schon befürchte ich, daß es – unter welchem Tarnnamen auch immer – zwangsläufig zur Wiedervereinigung kommt. Die starke D-Mark wird dafür sorgen; die Springer-Presse, nunmehr im Bunde mit Rudolf Augsteins leichtfertigen Montagsepisteln, wird auflagenstark dafür sorgen; und deutsche Vergeßlichkeit wird dem Sorge tragen.

Am Ende werden wir knapp achtzig Millionen zählen. Wir werden wieder einig, stark und – selbst beim Versuch, leise zu sprechen – laut vernehmlich sein. Schließlich – weil genug nie genug ist – wird es uns gelingen, mit bewährt harter D-Mark – und nach Anerkennung der polnischen Westgrenze – ein gut Stück Schlesien, ein Stückchen Pommern wirtschaftlich untertänig zu machen und – nach deutschem Bilderbuchmuster – wieder einmal zum Fürchten und isoliert sein.

Dieses Vaterland verrate ich jetzt schon; mein Vaterland müßte vielfältiger, bunter, nachbarlicher, durch Schaden klüger und europäisch verträglicher sein.

Alptraum steht gegen Traum. Was hindert uns, der Deutschen Demokratischen Republik und ihren Bürgern durch einen gerechten, längst fälligen Lastenausgleich dergestalt zu helfen, daß der Staat sich wirtschaftlich und demokratisch festigen kann und seine Bürger weniger Mühe haben, daheim zu bleiben? Warum muß der deutschen Konföderation, die unseren Nachbarn erträglich sein könnte, immer wieder eins draufgesattelt werden, mal nach vagem Paulskirchenkonzept als Bundesstaat, dann wieder, als müßte das so sein, in Gestalt einer Groß-Bundesrepublik? Ist denn eine deutsche Konföderation nicht mehr, als wir jemals erhoffen konnten? Sind denn umfassende Einheit, größere Staatsfläche, geballte Wirtschaftskraft ein erstrebenswerter Zuwachs? Ist das nicht alles wiederum viel zuviel?

In Reden und Aufsätzen habe ich mich seit Mitte der sechziger Jahre gegen die Wiedervereinigung und für eine Konföderation ausgesprochen. Hier gebe ich abermals Antwort auf die deutsche Frage. Nicht in zehn, in fünf Punkten will ich mich kurzfassen:

Erstens: Eine deutsche Konföderation hebt das Nachkriegsverhältnis der beiden deutschen Staaten von Ausland zu Ausland auf, legt eine nichtswürdige, auch Europa trennende Grenze nieder und nimmt dennoch Rücksicht auf die

Besorgnisse oder gar Ängste ihrer Nachbarn, indem sie in verfassungsgebender Versammlung auf die Wiedervereinigung als Einheitsstaat verzichtet.

Zweitens: Eine Konföderation der beiden deutschen Staaten tut weder der nachkriegsgeschichtlichen Entwicklung des einen noch des anderen Staates Gewalt an, sie erlaubt vielmehr Neues: eigenständige Gemeinsamkeit; und sie ist zugleich souverän genug, den jeweils eingegangenen Bündnisverpflichtungen nachzukommen und so dem europäischen Sicherheitskonzept zu entsprechen.

Drittens: Eine Konföderation der beiden deutschen Staaten steht dem europäischen Einigungsprozeß näher als ein übergewichtiger Einheitsstaat, zumal das geeinte Europa ein konföderiertes sein wird und deshalb die herkömmliche Nationalstaatlichkeit überwinden muß.

Viertens: Eine Konföderation der beiden deutschen Staaten geht den Weg eines anderen, wünschenswert neuen Selbstverständnisses. Der deutschen Geschichte gegenüber trägt sie als Kulturnation gemeinsam Verantwortung. Dieses Verständnis von Nation nimmt die gescheiterten Bemühungen der Paulskirchen-Versammlung auf, versteht sich als erweiterter Kulturbegriff unserer Zeit und eint die Vielfalt deutscher Kultur, ohne nationalstaatliche Einheit proklamieren zu müssen.

Und fünftens: Eine Konföderation der beiden deutschen Staaten einer Kulturnation gäbe durch ihre konfliktlösende Existenz Anstoß für die Lösung weltweit unterschiedlicher und dennoch vergleichbarer Konflikte, sei es in Korea, in Irland, auf Zypern und auch im Nahen Osten, überall dort, wo nationalstaatliches Handeln aggressiv Grenzen gesetzt hat oder erweitern will. Die Lösung der deutschen Frage durch Konföderation könnte beispielhaft werden.

Dazu einige Anmerkungen: Den deutschen Einheitsstaat hat es in wechselnder Größe nur knapp fünfundsiebzig Jahre lang gegeben: als Deutsches Reich unter preußischer Vorherrschaft; als von Anbeginn vom Scheitern bedrohte Weimarer Republik; schließlich, bis zur bedingungslosen Kapitulation, als Großdeutsches Reich. Uns sollte bewußt sein, unseren Nachbarn ist bewußt, wieviel Leid dieser Einheitsstaat verursachte, welch Ausmaß Unglück er anderen und uns gebracht hat. Das unter dem Begriff Auschwitz summierte und durch nichts zu relativierende Verbrechen Völkermord lastet auf diesem Einheitsstaat.

Niemals – bis dahin – hatten sich Deutsche während ihrer Geschichte in solch furchterregenden Verruf gebracht. Sie waren nicht besser, nicht schlechter als andere Völker. Komplexgesättigter Größenwahn hat die Deutschen dazu verleitet, ihre Möglichkeit, sich als Kulturnation in einem Bundesstaat zu finden, nicht zu verwirklichen und statt dessen mit aller Gewalt den Einheitsstaat als Reich zu erzwingen. Er war die früh geschaffene Voraussetzung für Auschwitz. Er wurde latentem, auch anderswo üblichem Antisemitismus zur Machtbasis. Der deutsche Einheitsstaat verhalf der nationalsozialistischen Rassenideologie zu einer entsetzlich tauglichen Grundlage.

An dieser Erkenntnis führt nichts vorbei. Wer gegenwärtig über Deutschland nachdenkt und Antworten auf die deutsche Frage sucht, muß Auschwitz mitdenken. Der Ort des Schreckens als Beispiel genannt für das bleibende Trauma, schließt einen zukünftigen deutschen Einheitsstaat aus. Sollte er, was zu befürchten bleibt, dennoch ertrotzt werden, wird ihm das Scheitern vorgeschrieben sein.

In Tutzing wurde vor mehr als zwei Jahrzehnten das Wort »Wandel durch Annäherung« geprägt; eine lange umstrittene, schließlich bestätigte Formel. Annäherung gehört mittlerweile zum politischen Alltag. Gewandelt hat sich durch den revolutionären Willen ihres Volkes die Deutsche Demokratische Republik; noch nicht gewandelt hat sich die Bundesrepublik Deutschland, deren Volk den Anstrengungen drüben teils bewundernd, teils herablassend zuschaut: »Wir wollen euch ja nicht dreinreden, aber...«

Und schon ist Einmischung üblich. Hilfe, wirkliche Hilfe wird nur nach westdeutschen Konditionen gegeben. Eigentum ja, heißt es, aber kein Volkseigentum bitte. Die westliche Ideologie des Kapitalismus, die jeden anderen ideologischen Ismus ersatzlos gestrichen sehen will, spricht sich wie hinter vorgehaltener Pistole aus: entweder Marktwirtschaft oder...

Wer hebt da nicht die Hände und ergibt sich den Segnungen des Stärkeren, dessen Unanständigkeit so sichtbar durch Erfolg relativiert wird. Ich fürchte, daß wir Deutschen auch die zweite Möglichkeit der Selbstbestimmung ausschlagen werden. Kulturnation in konföderierter Vielfalt zu sein, ist uns offenbar zuwenig; und »Annäherung durch Wandel« ist – weil nur kostspielig – einfach zuviel verlangt. Doch auf Mark und Pfennig berechnet, wird die deutsche Frage nicht zu beantworten sein.

Was sagte der junge Mann auf dem Hamburger Hauptbahnhof? – Recht hat er. Man zähle mich gegebenenfalls zu den vaterlandslosen Gesellen.

Der Zug ist abgefahren – aber wohin?

Offener Brief

Dieses Bild wird seit Wochen bemüht: der abgefahrene Zug in Richtung deutsche Einheit, den niemand mehr aufhalten könne.

Merkt selbst Rudolf Augstein nicht, daß einem nicht mehr aufzuhaltenden Zug, einem Zug also, den kein Signal mehr stoppen kann, das Zugunglück vorprogrammiert ist?

Wir haben für die Fernsehsendung »Panorama« ein Gespräch geführt, streitbar, aber fair. Nachdem mir der Abdruck meines Tutzinger Beitrags »Kurze Rede eines vaterlandslosen Gesellen« von der »Spiegel«-Redaktion verweigert worden war – er stand dann in der »Zeit« zu lesen –, baten Sie mich, Rudolf Augstein, in Zukunft meine Beiträge direkt an Sie zu schicken. Ich tue das, wenngleich mir dieser Tribut an den Nachhall des »aufgeklärten Despotismus« zuwider ist.

Im Gegensatz zu Ihnen: Karl Jaspers' Thesen aus dem Jahr 1960 sind in ihrer Substanz immer noch richtig. Freiheit steht vor Einheit. Also hat die vom Volk der DDR (und nicht vom Kapitalismus) erkämpfte Freiheit Vorrang; sie beansprucht Respekt und Eigenständigkeit innerhalb der nun möglichen Einigung der Deutschen. Weil Einigung mehrere Wege, auch einen dritten Weg zuläßt, muß sie nicht, auf Teufel komm raus, Einheit bedeuten. Einigung kann auch in einer Konföderation der beiden deutschen Staaten ihren Ausdruck finden und gleichwohl die Wirtschafts- und Währungsunion, desgleichen eine Staatsangehörigkeit zulassen. Diese Antwort auf die deutsche Frage könnte dem Verlangen nach Einheit genügen und unseren Nachbarn gewiß annehmbarer sein als der Achtzig-Millionen-Einheitsstaat. Zwar ist der Zug abgefahren, doch Bahnhöfe gibt es mehrere.

Ich wiederhole: Die grauenhafte und mit nichts zu vergleichende Erfahrung Auschwitz, die wir und die Völker Europas mit uns gemacht haben, schließt einen deutschen Einheitsstaat aus. Sollte er trotzdem mit nunmehr wirtschaftlicher Macht durchgesetzt werden, wird uns abermals nachbarschaftliches Mißtrauen umgeben und ausgrenzen.

Ich weiß nicht, aus welchen Quellen sich Ihr deutschnationaler Eigensinn speist und Sie in die hochfahrende Lage versetzt, die nach wie vor bedenkenswerten Thesen eines Karl Jaspers als nur philosophische Dreinrede abzutun, aber mit Sorge sehe ich, wie Sie Ihr Produkt, dieses unverzichtbare Stück demokratischer Streitkultur, »Der Spiegel«, auf regierungsamtliche Linie, das heißt in Einklang mit »FAZ« und »Bild«-Zeitung bringen. Soll so die deutsche Einheit aussehen?

Zum ersten Mal nach 1945 ist uns Deutschen die Möglichkeit gegeben, aus Erfahrung mit uns selbst, einer Einigung Gestalt zu geben, mit der wir und unsere Nachbarn leben können. Diese Erfahrung lehrt, daß sich die deutsche Einheit nur in ihrer geschichtlich gewachsenen Vielfalt begreifen läßt. Nichts zwingt uns, die DDR mit ihrer leidvollen Geschichte und der kurzen Phase ihrer demokratischen Revolution durch westdeutsche Wirtschaftsmacht einzuebnen. Die von mir angeratene Konföderation erlaubt Freiheit, Einigung und Vielfalt; das Einheitsgebot gehört auf den Müllhaufen unserer Geschichte. Zwar ist der Zug abgefahren, aber die Signale, ihn auf das richtige Gleis zu bringen, sind – seit Karl Jaspers' Thesen und bis heute – immer noch in Funktion.

Einige Ausblicke vom Platz der Angeschmierten

Kürzlich in Leipzig. Dieser verfrühte Frühlingstag. In Vorahnung besuchte ich am Nachmittag noch einmal die Nikolaikirche, als wollte ich mich beschwichtigen; dann, auf dem Vorplatz, wo alles angefangen hatte, entdeckte ich ein handgemaltes Straßenschild. Mit seiner blauen, altmodisch-dekorativen Umrandung und der gleichfalls blauen, fein säuberlich ausgepinselten Schrift wirkte es echt und gab dem Ausgangspunkt der Revolution vom Herbst des vergangenen Jahres einen neuen Namen: »Platz der Angeschmierten«. Und darunter stand kleingeschrieben zu lesen: »Es grüßen eure Oktoberkinder. Wir sind noch da.«

Ich weiß nicht, was aus dem so echt täuschenden Straßenschild geworden ist. Vielleicht hat es sich als Reminiszenz retten können; am diesbezüglichen Museum wird es nicht fehlen: soviel Vergangenheit. Mir jedoch ist diese Kurzfassung einer folgenreichen Enttäuschung gegenwärtig geblieben, denn nicht nur die Wahlergebnisse vom 18. März und vom 6. Mai, auch die weitere Entwicklung des deutschen Einigungsprozesses (bis hin zur Währungsunion) haben die eigentlichen Revolutionäre, jene also, die gewaltlos das Machtkartell von Staat und Partei gebrochen hatten, haben die »Oktoberkinder« als Angeschmierte vorerst oder auf Dauer in die Ecke gestellt.

Wollte ich mir den Eigensinn in der Politik zum Thema machen, wüßte ich keinen besseren Anfang, als an den Eigensinn der Revolutionäre von Leipzig, Dresden, Berlin zu erinnern, denn schon hat ihn das erzählende, raunende

Imperfekt verschluckt. Oder gibt es ihn noch, verdeckt nur von großspurigen Wörtern, eilfertig vorgeschobenen Geschichtskulissen und der in Großbuchstaben sich hart gebenden Währung?

Müßig aufzuzählen, wieviel demokratischer Eigensinn anfangs, dazumal, als einzig die Nikolaikirche Zuflucht bot, im Spiel war und einander duldete, solange Toleranz Gebot war; und nun ein traurig Lied weiß, wie wenig davon unterm Einheitsdiktat geblieben ist. Der letzte Ausdruck dieser gelebten Demokratie war wohl ein Verfassungsentwurf, den federführend Mitglieder des Neuen Forum und der Gruppierung Demokratie Jetzt der frischgewählten Volkskammer vorgelegt haben. Kaum diskutiert wurde er und dann weggewischt von den notorischen Rechthabern. Nur noch um Anschluß ging es, der nicht Anschluß heißen darf. Und selbst der Spielraum zwischen den Grundgesetzartikeln 23 und 146 durfte nicht ausgeschritten, für weiterreichende Überlegungen genutzt, dem demokratischen Eigensinn anvertraut werden. Zügig muß es vorangehen. Alles andere hält auf. Die Daten sind gesetzt. Die Parole »Wir sind das Volk« mochte drüben kurze Zeit lang eine gewisse Berechtigung haben, bei uns hat der Kanzler das Sagen. Der will als Einigungskanzler die Geschichte bebildern, indem er jeden zweiten seiner übergewichtigen Auftritte als historische Stunde einläutet und so alle Wahlen gewinnt. »Der Zug ist abgefahren«, hieß und heißt es, »und niemand kann ihn aufhalten.«

Mit deutlichem Abstand zur Bahnsteigkante bleiben die Angeschmierten zurück, beschwert von der eigensinnigen Sorge, es könne dem abgefahrenen Zug allerlei in die Quere kommen, zumal ihn niemand mehr (kein Warnsignal) aufhalten kann. Als jemand, der seit Jahren die Konföderation vorschlägt, also die Einigung höher bewertet als eine Einheit, die er zu fürchten gelernt hat, stehe auch ich auf dem Bahnsteig und wiederhole papageienhaft meine Warnungen, ahne ich doch, daß dem abgefahrenen Zug Unglück vorprogrammiert ist. Nur deshalb – und selbst, wenn niemand mehr zuhören will – sollen vom Platz der Angeschmierten einige Ausblicke gewagt werden.

Bis vor nicht langer Zeit und doch über vierzig Jahre lang war die DDR ein sich und seine Bürger überwachender Staat. Zensur hieß sein Gebot. Mißwirtschaft regelte seinen Alltag. Bevormundend sprach er sich aus, bis ihm von seinen Bürgern die Macht entzogen und in ersten Lektionen Demokratie beigebracht wurde. Aber steht diesen Bürgern nicht abermals Bevormundung ins Haus? Wird ihnen nicht, wie jüngst noch im Wahlkampf, nachdrücklich empfohlen, Leistung als Freiheit zu begreifen? Hat man ihnen nicht schnurstracks einige der Demokratie dienliche Verfassungswünsche als zwar sympathische, aber dennoch unnütze Flausen ausgetrieben? Und sind sie nicht wiederum einem Ismus untertan, diesmal in Gestalt der D-Mark, freilich ausgestattet mit den Angeboten der Reise- und Konsumfreiheit?

Was mit Mut begann, nach all den Demütigungen Selbstbewußtsein förderte, Witz, sogar Heiterkeit zuließ und kurze Zeit lang in beiden Staaten Freude machte, ist in Kümmernis umgeschlagen: Der deutschen Einheit Pate heißt Freudlosigkeit. Was als Gespräch tastend, einander erfragend begonnen wurde und Gedanken zulassen sollte, die auch unseren Nachbarn, den Polen voran, verläßlich sein könnten, hat sich auf Mark und Pfennig verkürzt. Geld muß die fehlende, übergreifende Idee ersetzen. Harte Währung soll mangelnden Geist wettmachen. Bei kritischer Nachfrage darf ersatzweise der Europagedanke herhalten. Nicht allmähliche Annäherung der Deutschen ist gefragt, sondern einzig Zuwachs an Absatzmärkten, weil umfassender Stumpfsinn alles dem alles regulierenden Markt überlassen hat. Selten ist im Verlauf der oft genug unglücklichen deutschen Geschichte eine tatsächliche historisch zu wertende Möglichkeit aus Mangel an gestaltender Kraft so kleinkrämerisch verrechnet, so dumpf nicht begriffen, so leichtfertig verspielt worden.

Und jetzt soll (nach altem Rezept) das Wunder wirken: die Währungsunion als Staatsvertrag. Es mag einem Schriftsteller erlaubt sein, mit- und vorzurechnen, zumal er, spätestens im Umgang mit Verlegern, das Rechnen gelernt hat.

Der Einbruch der D-Mark in die DDR trifft eine unvorbereitete Wirtschaft und eine, was die Tücken und Vorteile der Marktwirtschaft betrifft, ahnungslose Bevölkerung. Die heilsame Medizin wird einzig im Kleingedruckten des Waschzettels wirksam werden: Unverträglichkeiten und sonstige Nebenwirkungen. Denn jetzt schon läßt sich voraussagen, daß der überwiegende Teil aller in die DDR abgeführten D-Mark-Beträge in kürzester Zeit wieder im Westen sein und hier, ausschließlich hier, die Konsumumsätze in die Höhe treiben und den Tourismus fördern wird. Seit Jahren gespeicherte Wünsche wollen erfüllt werden, Traumreisen ihr Ziel finden. Doch zwischen Elbe und Oder, wo die halbtote Wirtschaft belebt, die gefährdeten Arbeitsplätze gesichert werden müßten, wird jene harte Währung, an die alle Welt zu glauben hat, nicht oder nur unzureichend wirksam werden. Was man in den Kaufhäusern des Westens zwischen Lübeck und München ausgibt, mag dort zwar die Kassen klingeln lassen und – bei so kräftigem Kaufschub – die Preise beflügeln, aber zu Hause werden die heimischen Produkte liegenbleiben, weil unverkäuflich geworden, grad noch zum Wegwerfen gut.

Die Folgen sind abzusehen: ohnehin angeschlagene Firmen machen sofort Pleite, andere Produktionsstätten, die saniert werden könnten, sind bald darauf zahlungsunfähig, neue Betriebe wagen erst gar nicht den ungleichen Wettbewerb. Besonders Vorsichtige siedeln mit dem frisch umgetauschten Geld in den Westen um. Die erwartete Arbeitslosigkeit steigert sich ins Gemeingefährliche.

Ich sage, diese überstürzte Währungsunion, der keine vorbereitende Belebung der heimischen Wirtschaftskraft vorausging, ist ein Trug, der sich am Ende als Betrug erweisen wird; freilich werden die Angeschmierten diesmal nicht nur die Eckensteher vom Nikolai-Kirchplatz sein; mein voreiliges Auge sieht die Völker beider deutscher Staaten als ein Volk auf Bahnsteigen herumstehen und abgefahrenen Zügen nachschauen. Oder um mit anderem Bild die Vogelschar zu bemühen: Nach der Konjunktur für Wendehälse wird es, neben den obligaten Pleitegeiern, an Spottdrosseln nicht fehlen.

Warum erhebt der oberste Währungshüter, die Deutsche Bundesbank, keinen Einspruch? Zumindest in warnenden Andeutungen hat deren Präsident, Karl Otto Pöhl, auf die mögliche Unwirksamkeit des bevorstehenden Währungszaubers hingewiesen, um dann doch kleinlaut der Kohlschen Eile den Freipaß zu geben. Da nur noch in Geld mehr spekuliert als gedacht wird, erlaubt man sich, Gedanken, die nicht von der Einigungshast diktiert sind, und Besorgnisse, die der menschlichen Existenznot gelten, als lästige Dreinrede abzutun: Intellektuelle Spinnereien sind das, abwegig, weil einen dritten Weg beschreibend, professionelle Schwarzseherei.

Ich wünschte, es wäre so. Lust am Übertreiben hätte mich hingerissen. Keine Magermilchmädchenrechnung werde aufgemacht, vielmehr habe finanzpolitisches Können alles im Griff. Ich wünschte, es dürfte sich der Kinderglaube an das marktwirtschaftliche Bilderbuch aus Ludwig Erhards Zeiten erfüllen, doch sprechen Erfahrung und bloßer Augenschein dagegen.

Während der letzten Wochen war ich zwischen Stralsund und Leipzig unterwegs, zuletzt in der Lausitz, wo sich die weitläufigen Braunkohlengruben nahe Senftenberg und zwischen Spremberg und Hoyerswerda als Landschaft, die stumm macht, dem Zeichner anbieten. Gespräche und bloßes Zuhören bestätigten meine Vorahnung: Dem Bonner Pfusch zufolge wird sich der lange genug herbeigeredete Zusammenbruch der DDR-Wirtschaft tatsächlich ereignen. Schon jetzt zeichnet sich ab, daß auswärtige Investoren allenfalls am Verteiler- und Liefersystem noch bestehender Betriebe interessiert sind, weil durch deren aggressive Nutzung westdeutsche Produkte – vom Bier bis zum Videorecorder – den DDR-Markt erfassen können. Der Ruin der Landwirtschaft ist, aus westdeutscher Produzentensicht, beschlossene Sache. Uns altbekannte Konzerne okkupieren den Buch- und Zeitungsmarkt. Schon sind die Landvermesser der ehemaligen Großgrundbesitzer in Vorpommern und Mecklenburg umtriebig. Die neuen Kolonialherren ziehen ein und finden in Gestalt von Betriebsdirektoren, vormals der SED hörig, beflissene Zuarbeiter.

Dagegen steht einzig der Katalog versprochener Wohltaten. Doch wem nützen im Verhältnis 1:1 ausgezahlte Gehälter, wenn eine Vielzahl noch funktionsfähiger DDR-Unternehmen nach kurzer Zeit zahlungsunfähig sein wird? Zunehmender Erwerbstätigkeit im Westen folgt, wie beim Ball mit der Delle, Arbeitslosigkeit im Osten. Nur dort könnte Zuwachs zu verzeichnen sein, wo unsere und unserer Nachbarn Ängste ihren Ursprung haben: im deutschen Rechtsradikalismus, zumal nicht auszuschließen ist, daß auch das Goldene Kalb, die harte D-Mark, Schaden nehmen wird.

Und das alles ohne Not oder nur, weil sich einige Politiker, der Kanzler voran, mit der Geschichte auf du und du wähnen. Was oder wer befiehlt uns Deutschen solch gedankenlose Hast? Dieser eilige Pfusch erlaubt nicht, daß zusammenwächst, was zusammengehört, vielmehr wird er die während vierzig Jahren konservierte Distanz vergrößern: Vom Wohlstand geködert, durch Arbeitslosigkeit entlohnt, werden sich die Deutschen dort und die Deutschen hier fremder als je zuvor sein.

Man mag sich fragen: Warum diese Klage? Was soll, angesichts eindeutiger Wahlergebnisse, dieser Eigensinn? Weil mit der Warnung vor kopflos ertrotzter Einheit noch einmal die Verantwortlichen genannt werden sollen. Ob den Bundeskanzler Einspruch erreicht, wage ich zu bezweifeln. Aber der Zentralbankrat der Deutschen Bank ist aufgerufen, dem vorgesehenen Währungsschwindel das Ja zu verweigern. Im Rahmen seiner Möglichkeiten hat bisher der Bundespräsident vor überstürztem Handeln und neuerlicher Bevormundung unserer Landsleute gewarnt. Er fand wenig Gehör und hat dennoch versucht, die ständige Brüskierung unserer besorgten und auch verstörten Nachbarn – und sei es durch Worte nur – auszugleichen, zuletzt in Polen, wo seit Waigels Schlesien-Rede das Mißtrauen wächst. Ich meine, jetzt wäre es Richard von Weizsäckers Pflicht, dem drohenden Unheil einer überstürzten Währungsunion als Staatsvertrag keine Zustimmung zu erteilen und dem deutschen Einheitszug einen Zwischenhalt aufzuerlegen.

Damit wir innehalten können. Damit sich Zeit findet, einen Gedanken zu fassen, dessen Substanz mehr anreichert als bloße staatliche und pekuniäre Einheit. Damit wir endlich Gelegenheit nehmen, in demokratischer Breite Rat zu suchen, der uns zu neuer Verfassung verhilft. Nur wenn Bund und Länder, Bundestag und Volkskammer, Regierungen und Opposition, die Kirchen und die Gewerkschaften (und, wenn gewünscht, auch die vielgeschmähten Intellektuellen) miteinander ins verfassungsgebende Gespräch kommen, wird das neu entstehende Deutschland seinen Bürgern und auch seinen Nachbarn gerecht werden. Die deutsche Vergangenheit verpflichtet uns zu dieser Umsicht; desgleichen die gegenwärtigen Gefährdungen: Umweltzerstörung und Klimaveränderung, Überbevölkerung und entsprechende Verelendung in den Ländern der Dritten Welt nehmen jetzt schon Zukunft vorweg.

Ein neuer, als Bundesstaat auf kultureller Vielfalt gegründeter Staat wird nicht nur Deutsche zu seinen Bürgern zählen. Italiener und Jugoslawen, Türken und Polen, Afrikaner und Vietnamesen haben innerhalb seiner Grenzen Zuflucht, Arbeit, Wohnung und oft genug abermals Heimat gefunden. Sie erweitern unseren kulturellen Begriff. Sie könnten helfen, unser nach wie vor diffuses Bewußtsein von Nation neu zu erleben. Mit ihrem Beistand sind wir als Deutsche zugleich Europäer.

Doch ist noch Gelegenheit, von der Verflachung der deutschen Frage zur bloßen Währungseinheit Abstand zu nehmen und aus besinnungsloser Eile in eine Gangart zu kommen, die, bei ruhigem Atem, Gedanken erlaubt?

Zurück zum »Platz der Angeschmierten«: Leipzig, Nikolaikirche. Der helle, heitere, zu jedwelcher Nachdenklichkeit einladende Raum. Hier fing alles an. Hier liegen jetzt schon Hoffnungen begraben. Und dennoch ließe sich von hier aus – Bonn und Berlin beiseite lassend – der bislang fehlende Gedanke erproben; denn zöge man von der Leipziger Nikolaikirche zur Frankfurter Paulskirche einen imaginären Faden und folgte dieser gedachten Linie…

Aber was rede ich. Wer hört noch zu.

Bericht aus Altdöbern

Rede im Berliner Reichstag anläßlich der konstituierenden Sitzung des »Kuratoriums für ein demokratisch verfaßtes Deutschland«

Als mich die Einladung zu dieser Versammlung im Berliner Reichstag erreichte, befand ich mich in einer Verfassung, die keinen ungetrübten Gedanken zuließ. Welche Zeitungen ich aufschlug, überall wurden Stricke gedreht. Wenn hier grober Hanf als Material tauglich sein sollte, wurde woanders Nylonfaser bevorzugt. Wenn im Feuilleton der »Zeit« feinsinnige Seide tauglich sein sollte, drehte man in den entsprechenden Sparten der »FAZ« und der »Welt« einige Lagen Draht in den Strick. Mir sind diese Hinrichtungsvorbereitungen als Rituale der Kulturszene geläufig. Mal ist es dieser, dann jener, der dem Mittelmaß zu groß geraten ist; diesmal sollte Christa Wolf fertiggemacht werden.

Dabei sind die professionellen Strickedreher in der Regel nette, allzeit schreibfertige Enddreißiger bis Mittvierziger, denen ideologische Verführung ernsthaft nie widerfahren ist; vielleicht haben sie im Stichjahr achtundsechzig versuchsweise ein wenig mit der Mao-Fibel gewedelt, doch dann schrieb das Leben ihnen Karriere vor. Und nun urteilen sie, urteilen eine große Schriftstellerin ab, deren Bücher Gewicht haben, weil aus ihnen gebrochene Existenz spricht, weil ihr Thema von der Verführung durch Ideologie bestimmt wird.

Christa Wolf hat lange gebraucht, um sich von einer Partei zu lösen, die mir immer zuwider gewesen ist. Dieser erklärte Gegensatz hindert mich nicht, heute an ihrer Seite zu stehen, wissen wir doch, wie althergebracht in Deutschland mit Schriftstellern verfahren wird: Die Strickedreher betreiben eine Zunft mit Tradition. Wenn aber die Einigung Deutschlands mit Hinrichtungen eingeleitet werden soll, wird sie sich ohne Schriftsteller vollziehen müssen.

Aus dieser Abseitsposition reiste ich wenige Tage später mit leichtem Gepäck ostwärts. Der Ort liegt nahe der Autobahn Berlin–Dresden, zwischen Cottbus und Calau, nicht weit von Senftenberg und Finsterwalde entfernt, wenn Ihnen diese sandige Gegend etwas sagt. Von dort kam ich vorgestern mit etlichen Zeichnungen in der Mappe zurück. Gleich hinter der Frauenklinik von Altdöbern bricht die Erdkruste ab, um sich vielfach gestuft in etwa achtzig Meter Tiefe, hier nun schon unter dem Niveau des Meeresspiegels, zu einer neuen, womöglich dem Mond abgeguckten Landschaft zu weiten, aus der, um Seen gruppiert, kegelige Abraumberge wachsen, die sich tief gestaffelt bis knapp unterm Horizont unter Dunstschleiern verlieren: Braunkohletagebau, wie allerorts in der Lausitz.

Meine Wirtin in Altdöbern, eine alte Schlesierin, meinte: »Die müssen hier och balde dichtmachen.« Aber man hoffe doch, daß mit dem neuen Geld, das ja nun komme, zwei, drei Jahre durchzuhalten sei. Vielleicht werde jemand aus dem Westen kommen und sie alle kaufen.

Denn sonst gibt es in Altdöbern nichts. Die beiden Sägewerke haben schon vor Jahren zugemacht, die Schnapsabfüllung kürzlich. Gleich hinterm Marktplatz wird der Schornstein einer ehemaligen Bierbrauerei von Störchen bewohnt: ein tröstlicher Anblick. Altdöbern zählt rund dreitausendfünfhundert Einwohner, von denen gut über tausend im Großtagebau Greifenhain beschäftigt sind, achtundvierzig Stunden wöchentlich im Siebenschichtsystem für jeweils tausenddreihundert Mark. Das magere Abbauverhältnis von Abraum zu Kohle beträgt zwölf zu eins. Die

Arbeitsgeräusche der Großraumbagger und Förderbänder steigern die leblose Stille über dem weitläufigen Loch.

Sobald ich vormittags am Grubenrand saß und etwa dort zeichnete, wo die Asphaltstraße nach Pritzen plötzlich, als habe übermenschlicher Heißhunger sie abgebissen, aufhört, einfach aufhört – auch das Dorf Pritzen gibt es nicht mehr –, wollte mir die zuunterst liegende Wüstenei zum Bild der DDR werden, nicht allein der vergangenen, die durch Mißwirtschaft ruiniert wurde, nein, der zukünftigen, durch Federstrich demnächst angeschlossenen auch; denn ein nichtswürdiger Staatsvertrag wirft jetzt schon seinen Schatten auf Land und Leute und wird, sobald er in Kraft tritt, die bislang erfahrene Barbarei nicht nur verlängern, sondern auch mit westlichem Beigeschmack anreichern. Die Kehrseite der Marktwirtschaft mag dann die späte, zu späte Einsicht fördern: Das haben wir so nicht gewollt.

Wer hat das gewollt? Nur der Kanzler Kohl mit seinen ungedeckten Versprechungen? Haben nicht andere auch der Eile das Wort geredet? Von Willy Brandt bis Hans-Dietrich Genscher: Sie alle glaubten sich mit der Geschichte im Einklang, beriefen sich auf Züge, die abgefahren und nicht aufzuhalten seien, und redeten eine Inflation historischer Stunden und Augenblicke herbei. Auf der Strecke oder – um im Bild zu bleiben – auf den Bahnsteigen zurückgeblieben ist die Bevölkerung beider deutscher Staaten. Über ihre Köpfe hinweg, an schlecht informierten Parlamenten vorbei, ohne Absprache mit den Regierungen benachbarter Länder wurden – auch gegen den Rat der Bundesbank – im Kohlschen Küchenkabinett sogenannte Nägel mit Köpfen gemacht. Zuallererst ihm, dem Enkel Adenauers, der sich in Bismarcks Kielwasser wähnt, fällt die Verantwortung zu für das bevorstehende Desaster.

Doch erst jetzt, vierzehn Tage vor dem schlagartigen Überfall auf die unvorbereitete Bevölkerung und Wirtschaft der DDR, wird mehr und mehr Menschen bewußt, welch aufgeblasenem Schwindel sie Glauben geschenkt und durch Wahlentscheidungen Narrenfreiheit erteilt haben. Was lange Zeit als störend, gar als vaterlandslose Miesmacherei empfunden wurde, die permanente Dreinrede des saarländischen Ministerpräsidenten, Oskar Lafontaines unverzagter Hinweis auf des Kaisers neue Kleider, sein penetranter Hohn »Der Kaiser ist nackt, der Kaiser ist nackt!« – das alles wird täglich deutlicher und peinlich von der Wirklichkeit bestätigt, etwa in Altdöbern.

Auf dem Weg zum Grubenrand kam ich dort mehrmals täglich an einem Geschäft vorbei, das sich »Industrie-Laden« nennt. Dort wurde und wird im kleinen der derzeitige Großausverkauf von DDR-Produkten betrieben. Ähnlich geht es in anderen Geschäften zu; die Lager müssen bis zum Stichtag geräumt sein. Platz muß geschaffen werden für Westprodukte, ausschließlich für Westprodukte; das verlangen die Lieferanten.

Fast das gesamte Warenangebot der DDR hat jetzt schon seinen Marktwert verloren, das heißt, die Verkaufsstrategie westlicher Firmen deckt sich auf verhängnisvolle Weise mit den Kaufwünschen der Bevölkerung. Von Stralsund über Altdöbern bis Plauen ist man dabei, durch die rücksichtslose Abwertung hausgemachter Produkte und die blindlings vollzogene Aufwertung westlicher Waren die eigenen Arbeitsplätze zu vernichten.

Dieser nunmehr selbstzerstörerische Prozeß, der ab 1. Juli die schlimmsten Befürchtungen bestätigen wird, läßt sich durch freundliches Verständnis für den Lockwert westlicher Verpackung und deren Inhalt allenfalls relativieren. Unterm Schlußstrich werden einzig Arbeitslosenzahlen

Wachstum beweisen, denn all jene DDR-Betriebe, deren Produkte vom Markt verdrängt werden, müssen dennoch ab 1. Juli Löhne und Gehälter in D-Mark zahlen; die Pleite ist ihnen vorgeschrieben über kurz oder lang.

Und das nennt sich Marktwirtschaft. Und diese Marktwirtschaft will auch noch sozial genannt werden. Eine der zwei Kneipen in Altdöbern darf nur noch bayerisches Bier ausschenken. Genauer gesagt: Pschorr-Bräu, ein naturtrübes Hefe-Weißbier. Die Firma Hacker-Pschorr aus München hat den Gastwirt mit Bierdeckeln, Speisekarten und raumschmückendem Zubehör versorgt; seine Gegenleistung: Kein DDR-Bier kommt mehr über die Theke. Was heißt hier Wettbewerb! Qualität setzt sich durch.

Dieser Raubrittermentalität läßt sich die zukünftige Entwicklung der DDR ablesen: Aus westdeutschem Interesse gesehen, wird sie vor allem als ostelbischer Markt profitabel sein. Schon zeichnet sich landesweiter Vertrieb ab. Wie im Cottbusser Hotel »Lausitz« haben allerorts westdeutsche Vertreter Quartier bezogen. Tagsüber schwärmen sie aus und stecken ihre Reviere ab. Am Abend haben sie Mühe, eine freie Telefonleitung zu ergattern: Geschäftsabschlüsse wollen gemeldet werden. Von wirklichen Investitionen ist immer seltener die Rede. Man will noch abwarten. Was will man abwarten?

Mit anderen Worten: Mein Blick vom Grubenrand und also vom Stadtrand Altdöberns in den Braunkohletagebau, dieser Blick auf eine offene, nicht mehr verheilende Wunde – denn noch vor der Erschließung der Grube wurde das Grundwasser gesenkt, seitdem leidet die gesamte Region an Trockenheit –, mein Einblick also in die Folgen von Folgen so falscher wie gewaltsamer wirtschaftlicher Entscheidungen hat mich gelehrt, daß die neuerdings anstehenden falschen und gewaltsamen Entscheidungen das zerstörerische Werk unter anderem Markenzeichen fortsetzen werden, auch wenn der Bürgermeister von Altdöbern, ein, wie er sagt, grundsätzlich optimistischer Mensch, davon träumt, daß eines Tages die Abraumhalden begrünt sein und die Grubenlöcher als liebliche Seen die begrünten Hügel spiegeln werden. »Das dauert natürlich noch etwas«, sagt er, »aber in dreißig Jahren ist es soweit.«

So freundlich ich Altdöbern und seinen Bürgern alles Gute wünsche, hier muß jedoch von gegenwärtiger Wüstenei und bevorstehender Verwüstung die Rede sein. Der Ort heißt Reichstag. Der 16. Juni bestimmt das Datum. Das »Kuratorium für ein demokratisch verfaßtes Deutschland« hat Bürger aus beiden Deutschland aufgerufen, beratend zusammenzukommen. Die Gründe für diesen Aufruf sind meinen wirtschaftlichen Befürchtungen benachbart. In gleichem Maße und nach ähnlichem Ruckzuckverfahren, wie sich die Bundesrepublik das Gebiet der DDR als ostelbischen Markt ausgeguckt und auf Anhieb erobert hat, wurde auf demokratischem Feld gewütet.

Kein halbes Jahr ist es her, da wollte Herr Kohl noch mit Hilfe eines bedächtigen Zehnpunkteprogramms, Schritt für Schritt – und immerfort Europa im blinzelnden Blick – die große Aufgabe der deutschen Einheit angehen; und Willy Brandt sprach auf Marktplätzen zwischen bedeutungsvollen Pausen den oft zitierten Satz, daß nun zusammenwachse, was zusammengehöre. Vom Tisch gewischt sind die zehn Punkte. Allenfalls zusammengeschustert wird, was sich halbwegs als niet- und nagelfest erweist. Wie der Haussmann seinen Pohl, hat der Schäuble seinen Diestel gefunden. Entsprechend schnell wurde der Verfassungsentwurf des Runden Tisches, mit dessen Hilfe sich die DDR als gleichgewichtiger Verhandlungspartner legitimieren sollte, zum Altpapier erklärt.

Abermals soll es ruckzuck gehen. Wozu haben wir den Artikel 23? Wir haben ihn, um ihn anzuwenden und den Schlußartikel des bundesdeutschen Grundgesetzes vergessen zu machen; denn dieser Artikel verpflichtet die Deutschen, im Falle möglicher Einheit, zu einer neuen, demokratisch erarbeiteten Verfassung. Und wie das Machwerk »Staatsvertrag« an allen demokratischen Gremien vorbei durchgepaukt wurde, soll nun, mit Hilfe des Anschlußartikels 23, die Verpflichtung zur neuen Verfassung ausgehebelt werden: Ein Gaunerstück, das Beifall findet, geht flott inszeniert über die Bühne. Widerstand rührt sich kaum noch.

Mein Beitrag zu dieser Versammlung und konstituierenden Sitzung ist das Angebot, mitzuarbeiten, auch wenn ich weiß, daß nur noch ein unverdrossenes Häuflein dem bevorstehenden Verfassungsbruch widerspricht. Denn Verfassungsbruch ist es, wenn der Artikel 146 mißachtet und nicht angewendet wird. Vorbeugend sollte jetzt schon die Verfassungsklage vorbereitet und gegebenenfalls eingereicht werden. Ich jedenfalls will keinem Deutschland meine Stimme geben, das auf Verfassungsbruch beruht.

Wer den Artikel 23 als Ermächtigungsgesetz mißbraucht, darf sich nicht wundern, wenn ihn die deutsche Geschichte einholt. Diese Geschichte mahnt uns, den abschließenden Auftrag des Grundgesetzes ernst zu nehmen und zur Bildung einer verfassungsgebenden Versammlung aufzurufen, in der sich alle Bürger – die Bürger hier, die Bürger dort – als demokratisch legitimiert wiedererkennen. Eine verfassungsgebende Versammlung, deren Werk dem Volk zur Abstimmung vorgelegt werden muß, bildet in sich die letzte Möglichkeit, den zur D-Mark-Herrschaft verflachten Einigungsprozeß mit neuen Gedanken zu gestalten und unter demokratische Kontrolle zu bringen.

Das Datum ist gut gewählt. Was als Arbeiteraufstand am 16. und 17. Juni 1953 scheiternd begann, führte im Oktober und November 1989 zum Erfolg. Undemokratische Herrschaft wurde gebrochen. Das Volk gab sich als Volk zu erkennen. Dem Wort Freiheit wurde wieder Sinn gegeben. Möge diese erstrittene Freiheit in einer neuen Verfassung Ausdruck finden, damit aus der Bundesrepublik Deutschland und der Deutschen Demokratischen Republik ein Bund Deutscher Länder werde, der unserer föderativen Vielfalt entspricht. Nie wieder wollen wir zum Fürchten sein.

Brief aus Altdöbern

Meine uralten Vögel sind wieder da. Diesmal in neuer Landschaft zwischen Hoyerswerda und Senftenberg, wo die Braunkohle zutage tritt.

Zum 1. Juli einen Brief aus Altdöbern schreiben. Das liegt in der sandigen Lausitz. Gleich hinter der Frauenklinik bricht die Erdkruste ab. Ausverkauf im Industrieladen. (Zwei Wochen bevor die D-Mark die Macht ergriff, kaufte ich mir in Altdöbern einen Bleistiftanspitzer.)

Förderbänder, die ausgedient haben. Wessen Gedärm liegt zuhauf? Warten auf das versprochene Wunder. Draufzahlen! ruft jemand über Lautsprecher wiederholt: Draufzahlen!

Als ich aus Altdöbern schrieb und die Landschaft aufgeschlagen lag, schaute mir – wer alles – über die Schulter; und der Butt aus dem Märchen »Es war einmal« sagte...

Schwarz, in sich vergafft: schwarz. Schwärze auf Lager. Unterhalb Pritzen kegelig schwarz. – Hau ab! Nichts zu scharren, picken, treten hier. Nichts mehr zu holen. (Da kräht doch kein Hahn nach.)

Als ich, bevor Altdöbern im Kalender stand, auf Kammlagen im Oberharz, wo Deutschland an Deutschland grenzt, die Vorboten der Vereinigung sah: kopflos, auf halber Höhe gekappt... Silbenschwund. Lautverfall. Die Wörter fielen mir aus. Allenfalls Ortschaften sind noch zu benennen: Das war im Erzgebirge nahe Zinnwald, Hemmschuh, Gottgetreu...

Und als ich zurückkam, maulfaul inzwischen, und genug hatte vom toten Holz, lag im Kamin tot die Eule; dann, zwanghaft schon, wollte ein Birkenpilz allseits von sich, nur noch von sich reden. Das war im Jahr vier der Normalisierung nach Tschernobyl, als es uns wirtschaftlich besser und besser ging.

Doch immer noch wandern Ratten von rechts nach links, nun vor Landschaft in sandiger Lausitz, wo der VEB »Schwarze Pumpe« gen Himmel, doch nun gesamtdeutsch...

Zwischen Hoyerswerda und Senftenberg, nahe Altdöbern: Sie hat uns überrundet, die Schnecke auf ihrer Kriechsohle, uns, die Weltmeister im Hoch- wie Weitsprung, überrundet. (Jetzt hecheln wir ihrer Spur hinterdrein.)

Ein Schnäppchen namens DDR

Rede im Berliner Reichstag anläßlich der Vereinigung der beiden deutschen Staaten

Die Zone, SBZ, der andere Teil Deutschlands, der Unrechtsstaat in Gänsefüßchen, nicht anerkannt, dann anerkannt, die Deutsche Demokratische Republik, ab morgen Ex-DDR, Ostelbien, das Lutherland, in dem zur Zeit der Bauernkriege ein anderer Reformator dem Feind der aufrührerischen Haufen streitbar Antwort gab und beklagte, was immer noch gültiges Unrecht ist: »Die Herren machen das selber, daß ihnen der arme Mann feind wird. Die Ursache des Aufruhrs wollen sie nicht beseitigen. Wie kann das auf Dauer gut werden?«

Mit diesem Rückgriff und Thomas-Münzer-Zitat bin ich beim gegenwärtigen deutschen Ungemach: die Einheit ohne Einigkeit, der ein Datum gesetzt ist. Zum 3. Oktober wurde Glockengeläut angesagt als Ersatz für Freude, die vergangen ist; es sei denn, dem Fernsehen, als Erfinder neuer Wirklichkeit, gelingen einige Jubeleinblendungen. So wird Geschichte gemacht.

Dabei fing alles günstig an. Über ein Jahrzehnt lang hatte die Freiheitsbewegung Solidarność nicht nur für Polen vorgearbeitet. Václav Havel und seine Mitstreiter ließen sich nicht mundtot machen. In Ungarn halfen sogar die Kommunisten, das verhaßte System aus den Angeln zu heben: Sie öffneten als erste den Eisernen Vorhang. Und dank Michail Gorbatschows Politik, dem Wagnis ohne Vergleich, zeigte auch das Herrschaftsgebäude der SED Risse. Dort, wo jahrzehntelang Schweigen dem sprichwörtlichen Edelmetall gleichwertig zu sein hatte und allenfalls hinter vorgehaltener Hand geklagt wurde, ging das Volk, genauer gesagt, dessen mutiger Teil auf die Straße und sprach auch so, unüberhörbar: »Wir sind das Volk!«

Ein Irrtum, wie sich bald herausstellte, denn ab Ende November letzten Jahres gehörte jenem Teil des Volkes, der vorher geschwiegen hatte, die Straße. Das war der größere Teil. Er rief: »Wir sind ein Volk!« und ließ, gewalttätig unduldsam wie gelernt, den kleineren Teil nicht mehr zu Wort kommen.

Im westlichen Deutschland wurde der Ruf nach Einheit, wenn nicht vom Volk, dann von dessen Politikern eilfertig aufgenommen. Unter Verzicht auf gemeinsame Nachdenklichkeit sollte es schnell und schneller gehen, damit ja nichts anbrennt, hieß es. Zu sperrig sei das Möbelstück »Runder Tisch«. Wer weiß, wie lange sich Gorbatschow hält. Bedenken sind unzeitgemäß.

Als der Weisheit letzter Schluß wurde eine Bahnhofsdurchsage wiedergekäut: »Der Zug ist abgefahren!« Und jemand, der sonst Probleme auszusitzen pflegt, glaubte, den Mantel der Geschichte rauschen zu hören, sprang auf und griff zu. Weil jedoch der Zwiemacht aus Zwietracht, die nun Einheit werden soll, der einigende Gedanke fehlt, wurde den Rufern nach staatlicher Einheit der materielle Teil ihres Wunsches durch ein Versprechen faßlich gemacht; schließlich standen Mitte März – so schnell ging's voran – Wahlen ins Haus.

Die versprochene D-Mark. Die harte Währung. Die glückverheißende Münze. Der Gedankenersatz und Alleskleber. Das Wunder in Neuauflage.

Seitdem ist nur noch vom Geld die Rede, wenngleich eine Zeitlang salbungsvoller maulgehurt wurde und das Doppelgespann »Würde und Anstand« den Karren ziehen mußte. Doch würdeloser und unanständiger hätten die deutsche Einheit und deren Gefährt nicht eingepeitscht und vorangetrieben werden können. Was zum Schrott erklärt wurde, ward Schrott.

Unterm Strich gerechnet, bleibt immerhin positiv zu bilanzieren, daß es den westdeutschen Handelsketten gelungen ist, ihren Markt zu erweitern, die Gunst der Stunde flächendeckend zu nutzen, das »drüben« einheimische, ohnehin minderwertige und schlecht verpackte Produkt zu verdrängen und – ohne investieren zu müssen – ein Schnäppchen zu machen, ein Schnäppchen namens DDR.

Dieses Wort, geläufig im neudeutschen Sprachgebrauch, steht für allmögliche Gelegenheiten. Was man günstig mitkriegt: so nebenbei, beim Sommerschlußverkauf, auf Flohmärkten, im Zugriff durch Gesetzeslücken, bar auf die Hand an der Steuer vorbei, legal bei Zwangsversteigerungen oder wie zufällig, im Vorbeigehn. Kurzum: Ein Schnäppchen ist immer günstig und ein günstiges Schnäppchen ein weißer Schimmel. Etwas, womit man gar nicht gerechnet hatte; denn wer im westdeutschen Klein- und Großhandel hätte vor Jahresfrist diese Markterweiterung, auch Wiedervereinigung genannt, im Kalkül gehabt?

Nein, nicht nur die Klein- und Großhändler, auch die Parteien, Gewerkschaften, Kirchen, die hochkarätigen Aufsichtsräte und stillen Teilhaber, das gesamte westdeutsche Volk in seiner vielfältigen Einfalt hatte ganz anderes im Sinn als eine Währungsunion mit »denen da drüben« – und ruckzuck draufgesattelt den Einheitsstaat. Wenn anfangs im Fernsehen Freude abgefragt werden konnte und der vielgehörte Ruf »Is ja Wahnsinn!« dieser Freude knappen Ausdruck gab, herrschen jetzt im Westen Mißmut und im Osten Ängste vor. Gezänk zieht ein im Doppelhaus. Nur noch von zusätzlichen Milliarden ist die Rede. Schon fehlt es an Platz für weitere Leichen im gesamtdeutschen Keller. Das Schnäppchen DDR kommt teuer zu stehen.

Natürlich weiß ich, daß dieser Abgesang bitter schmeckt. Dem altdeutschen Ruf »Wo bleibt das Positive!« wird meine Antwort »Ja, wo ist es nur abgeblieben?« kaum den bedrohlichen Unterton mildern. Doch selbst als es noch möglich war, außer Geld zusätzlich Gedanken an die Einigung zu verschwenden, als es mir einfiel, eine Konföderation der beiden deutschen Staaten vorzuschlagen, die sich, nach freiem Volkswillen, fünf oder auch sieben Jahre später in einen »Bund deutscher Länder« hätte verwandeln können, und als ich zusätzlich meinte, es werde ein solch nachdenklicher, deshalb behutsamer und langsamer Weg zur Einheit uns Deutschen und unseren Nachbarn erträglicher sein als der sich anbahnende Schweinsgalopp samt voraussehbaren Flurschäden, wurde ich zum Schwarzseher, Miesmacher ernannt und unter der Rubrik »Vaterlandsloser Geselle« abgebucht, wenn nicht vorgemerkt.

Nun liegt das Kind im Brunnen und wird obendrein auch noch gescholten: Selber schuld! Habt ja so gewählt! Wolltet doch unbedingt die D-Mark! Da habt ihr sie!

Also das Kind im Brunnen ist schuld und nicht die Herren Kohl, Waigel, Haussmann, begleitet vom Chor vielgelesener Gutzuredner von Rudolf Augstein bis Robert Leicht. Die wissen schon wieder schnellen Rat: Nur wenige Jährchen lang wird sich das wimmernde Kind, das in den Brunnen fiel, tief unten abzappeln müssen, doch dann werden, wie versprochen, die Instrumente der Marktwirtschaft greifen und bisher nur kleckernde Investitionen endlich klotzen. Dann darf das Kind, das in den Brunnen fiel, wieder raus aus dem Loch.

Kürzlich war während einer Tagung in Oslo, zu der die Elie-Wiesel-Foundation eingeladen hatte, vom Haß die Rede. Der weltweit wachsende Haß war Thema der Konferenz. Nelson Mandela und Václav Havel, Elena Bonner und Adam Michnik, John Kenneth Galbraith und Elie Wiesel – um wenige beispielhaft zu nennen – gaben Bericht aus jeweils ihrem Erfahrungsbereich: wie Haß vorbereitet wird, wie er ausbricht.

Weil es mir an Kenntnissen fehlt, die differenziert genug wären, alle in der Sowjetunion oder auf dem Balkan ausbrechenden Konflikte zwischen den Völkern im Detail beurteilen zu können, berichtete ich in Oslo von zu Hause, indem ich Gründe für noch verkapselten, für neu belebten, aber auch für frisch entstehenden Haß zwischen Deutschen und Deutschen einerseits und Polen und Deutschen andererseits zu erkennen versuchte. Ich sagte: Indem sich die Deutschen in kopfloser Eile, entsprechend gedankenlos und einzig dem Fetisch Währung vertrauend, inzwischen bar jeder Freude vereinigen, wobei der größere Teil Deutschlands Tempo und Gangart bestimmt, erfährt der kleinere Teil, dessen Bewohner soeben noch froh waren, sich endlich frei von staatlicher Bevormundung begreifen zu dürfen, nun das Diktat profitorientierter Kolonialherren, die hier zugreifen, dort abwarten und erst dann zu investieren bereit sind, wenn ihnen die Konkursmasse DDR zum Schleuderpreis zugefallen sein wird; möglichst frei von Altlasten.

Auf solchem, mittels Kahlschlag sanierten Gelände gedeiht Haß. Schon jetzt ist abzusehen, daß es auf lange Zeit Deutsche erster und zweiter Klasse geben wird. Das neue Unrecht, das auf altem fußt, trifft eine Bevölkerung, die dem anhaltenden Unrecht nach zwölf Jahren nationalsozialistischer Herrschaft weitere fünfundvierzig Jahre lang untertan war. Diese siebzehn Millionen Ostdeutschen sind es gewesen, denen stellvertretend die Hauptlast des von allen Deutschen begonnenen und verlorenen Krieges aufgebürdet wurde. Geschwächt von Anbeginn durch Demontage und Reparationsleistungen in Milliardenhöhe, hatten sie nie freie Wahl; den Westdeutschen hingegen wurde von den Siegern Freiheit geschenkt und Marshallplanhilfe zugestanden. Die Bewohner der SBZ, des Staates in Gänsefüßchen, blieben »die armen Brüder und Schwestern«, an die man sich, anläßlich Weihestunden, zu erinnern bemühte. Jahrzehntelange Herablassung und unverbindliche Wiedervereinigungsrhetorik waren kränkend genug. Die Deutschen zweiter Wahl trugen allzu geduldig die Kleider ihrer reichen Verwandten auf.

Und nun sind sie abermals zweitklassig. Anstelle kommunistischer Mangelwirtschaft wird ihnen unter dem Etikett »Soziale Marktwirtschaft« rüde Ausbeutung geboten. Häßlich sieht diese Einheit aus. Das ohnehin Ungeschlachte des Kanzlers aller Deutschen hat sich zur Überlebensgröße ausgewachsen und wirft seinen Schatten. Ihm ist es gelungen, der Teilung Deutschlands, wenngleich die Mauer gefallen ist, Bestand zu sichern. Die Einheit nach seinem Maß spaltet. Den ohnehin Verletzten kränkt sie, dem Schwachen zeigt sie Härte. Nicht nur um sich greifende Arbeitslosigkeit, auch die wachsende Erkenntnis, daß später, wenn für Billiglohn Arbeit wieder angeboten sein wird, die Besitzverhältnisse eindeutig zugunsten des westdeutschen Kapitals geregelt sein werden. Diese schon jetzt festgeklopfte Gewißheit legt Treibbeete an für sozialen Neid, der sich in der Regel zu Haß auswächst. Den wieder einmal Zukurzgekommenen, den abermals Angeschmierten, den ewigen Underdogs verspricht Haß in emotionalen Schüben immerhin Stärke.

Schon haben sich die soeben noch zerstrittenen westdeutschen Rechtsradikalen mit den ostdeutschen vereinigt: Ihnen ist Konjunktur angesagt. Und da sich Haß nur in Einzelfällen (die literarisch ergiebig sein mögen) als Selbsthaß verzehrt, wird er Ziele außerhalb seines eigenen völkischen Dunstkreises suchen: Westlich der Oder ist Polenhaß bereits alltägliche Gegebenheit.

Ich war dort unterwegs während der letzten Monate. Ob in Cottbus, Guben oder in der nördlichen Uckermark, überall im grenznahen Gebiet konzentriert sich Fremdenhaß – sonst mehr auf Vietnamesen und Afrikaner gerichtet – direkt gegen polnische Gastarbeiter und auf Polen allgemein, zumal polnische Kleinhändler, unterwegs nach Berlin, in Busladungen über die Grenze kommen und althergebrachte Vorurteile zu bestätigen scheinen. Hinzu kommt, daß in unmittelbarer Grenznähe seit 1945 viele aus Schlesien und Pommern stammende Flüchtlinge wohnen, denen die von beiden deutschen Parlamenten kürzlich ausgesprochene Anerkennung der polnischen Westgrenze als Verrat gilt. Entsprechenden Zulauf erleben die Flüchtlingsverbände, denen Polens ökonomische Schwäche Hoffnung macht: Die brauchen uns doch. Die kommen noch mal auf den Knien gerutscht. Allein aus sich heraus schafft der Pole das nie. Polnische Wirtschaft! Kennen wir doch.

Ein Aufenthalt in Poznań und Gdańsk bestätigte mir, daß dort die Verunsicherung als Angst vor den Deutschen zunimmt und in ihrem irrationalen Ausmaß gleichwohl einen rationalen Kern erkennen läßt: Wird doch die Oder-Neiße-Grenze während Jahrzehnten die Wohlstandsgrenze zwischen Ost- und Westeuropa bilden, spürbar in Gestalt deutscher Währung, deren Expansionskraft aus polnischer Sicht so bewundernswert wie furchterregend ist. Und gewiß ist zu befürchten, daß die ehemaligen deutschen Ostprovinzen

Schlesien, Pommern (und mit Vorrang die Grenzstadt Stettin) dem Zugriff der harten Währung ausgeliefert sein werden; denn Polens Schwäche und politische Instabilität könnten wieder einmal zum Dauerzustand werden und eine Hilfsbedürftigkeit signalisieren, die beim westlichen Nachbarn Gehör fände. Seine Hilfe wird kaum selbstlos kommen. Sachlich angeboten, muß sie nicht auftrumpfen. Ganz unmilitärisch diesmal, einzig die D-Mark bei Fuß, wird sie grenzüberschreitend sein.

Man mag sich derzeit östlich der Oder fragen: Wenn die reichen Westdeutschen mit ihren armen Landsleuten so erbarmungslos umgehen, wie werden dann wohl die vereinigten Deutschen uns Polen heimzahlen?

Und heimgezahlt wird schon jetzt, wenn vorerst auch nur in kleiner Münze: für wiederholte Kränkungen, unvergessene Mißachtung, weil die DDR-Deutschen den Polen während Jahrzehnten kommunistischer Herrschaft verächtlich gewesen sind, weil als gehorsamster Vasall der verhaßten Russen der »Nachfolgestaat Preußens« galt und weil die Polen dessen Bewohner – im Vergleich zu den aus Distanz bewunderten Westdeutschen – als zweitklassig gewertet und oft genug behandelt haben.

So wurde und wird Haß angerichtet, bis er wie selbsttätig läuft – autonom.

Als im Verlauf der Tagung in Oslo Václav Havel berichtete, notierte ich mir einige seiner Definitionen: »Der Haß ist dem Hassenden wichtiger als das Objekt seines Hasses.« In seiner immer wieder neu ansetzenden Analyse ging es ihm um die besondere Anfälligkeit der osteuropäischen Nationen für kollektiven Haß, weil diese, wie er sagte, jung, unerfahren, noch nicht erwachsen seien. Und Adam Michnik sprach, betroffen vom polnischen Antisemitismus in einem Land ohne Juden, vom »magischen Antisemitismus«.

Mir will zum deutschen Fremdenhaß, der auch zwischen Deutschen Anlässe sucht und findet, keine bündige Formulierung gelingen, weil hierzulande selten Haß, doch häufig bürokratische Kälte den Ausschlag gibt für inhumane Exzesse. (Und konträr dazu zeichnet sich das deutsch-polnische Verhältnis auch durch Beispiele freundschaftlich-versöhnlicher Art aus, die Hoffnung machen könnten.) Dennoch fürchte ich, daß das ökonomische Ost-West-Gefälle, gesteigert durch eingefleischten Nationalismus, Folgen bis zur Gewalttätigkeit haben wird, wenngleich die Freiräume für praktizierten Haß zwischen reichen und armen Deutschen sowie armen Deutschen und noch ärmeren Polen relativ klein sind im Vergleich zu Anlässen für Haß, die sich gegenwärtig zwischen den Industrienationen und den Völkern der Dritten Welt in komplexer Vielfalt bieten.

So verbissen und kleinkrämerisch wir Deutschen mit uns beschäftigt sind, so epidemisch die Sorge um sich greift, es könne das Schnäppchen namens DDR teurer, viel teurer als vorbedacht werden, so bombastisch der 3. Oktober als ein geschichtsträchtiges Datum mehr des Kanzlers Agenda bebildern soll – andere Ereignisse gewinnen Vorrang: Der Kampf um die Rohstoffe und deren Besitz hat begonnen.

Zur Zeit droht Gefahr, daß sich der latente Nord-Süd-Konflikt in der Golfregion als Krieg mit unabsehbaren Folgen entlädt. Darauf reagieren hierzulande einzig die Benzinpreise und die Börse. Bei grobgeschätzt dreihundert Milliarden D-Mark als Preis für die deutsche Einheit fallen einige zusätzliche Milliarden Solidarbeitrag für Amerikas Wüstenarmee nicht groß ins Gewicht. Im übrigen glaubt man, fein raus zu sein, obgleich seit Jahren bekannt ist, daß durch westdeutsche Zulieferungen der Irak in die Lage versetzt worden ist, Giftgas zu produzieren und ans Ziel bringen zu können.

Zwar haben die Sowjetunion, China und fast alle westeuropäischen Länder durch Waffenlieferungen den Irak zur Kriegsmacht erster Ordnung aufgerüstet, doch die ausschlaggebende Bedrohung findet sich nicht im sogenannten konventionellen Bereich. Es sind chemische Waffen, mit denen gedroht wird, und als erstes Ziel wurden drohend Israels Städte genannt. Jahrelang haben über hundert bundesdeutsche Firmen, darunter solche von Weltrang wie Klöckner, Buderus, AEG und Siemens, Preussag und MBB, Thyssen, Mannesmann, Carl Zeiss und Degussa, Voraussetzungen geschaffen für die nicht nur denkbare, vielmehr täglich mögliche Fortsetzung des Völkermordes an den Juden. Gegen dreißig und mehr Firmen ermittelt inzwischen – zu spät! – der Staatsanwalt. Durch Untätigkeit und Duldung hat sich die Bundesregierung jetzt schon mitverantwortlich gemacht für den zurückliegenden Giftgasmord an Tausenden von Kurden: ein Verbrechen, das offenbar Gewohnheitsrecht für sich beansprucht, nachdem Verbrecher in höchsten Staats- und Wirtschaftspositionen unbelangt bleiben. Nein, nicht Haß, von dem auf der Osloer Konferenz die Rede sein mußte, ist die nachzuweisende Triebkraft für diesen Handel gewesen, sondern Profitsucht. Sie könnte weiterhin entsetzliche Folgen haben, vergangene deutsche Schuld gegenwärtig und uns Deutsche wieder verhaßt machen. Mit Entsetzen zwinge ich mir diese Vorahnung ab. (Noch während ich dieses schreibe, könnte sie eingeholt werden, Tatsache sein.)

Deshalb zurück zum Profit – diesem Wert an sich – und zur Profitsucht, die keine Hemmung kennt und zugreift, wo sich was bietet, weil aus Profitsucht geförderte Verbrechen durch die Gesetze der Marktwirtschaft abgesegnet werden. Ich bin sicher, daß die leitenden Herren der genannten Firmen von Weltrang einschlägige Angebote aus Krisengebieten in jenem Umgangsdeutsch als Schnäppchen gewertet haben, das auch dem Management aller Handelshäuser geläufig ist, die sich den DDR-Markt aufteilen. Und wenn sich gegenwärtig die Kanzleien Lambsdorff/de Maizière zusammenschmeißen, um sachkundig die Geschäfte der Treuhandgesellschaft zu besorgen, geschieht auch das nach gängiger Ganovenmoral. Wie sagt man: Das ist zwar unschön, aber als Handelsgebaren weltweit üblich. Der Markt sucht Lücken, will wachsen. Wachstum ist sein Credo. Sollen die Deutschen jetzt etwa, nur weil sie ihren Markt ein wenig erweitern, gefährlich sein?

Sind die Deutschen wieder zum Fürchten? Diese Frage wird zur Zeit oft gestellt, zumeist mit rhetorischem Zungenschlag, weil Antworten abrufbereit vorrätig sind: Wir haben aus der Geschichte gelernt. Recht und schlecht sind wir wie andere Völker auch. Die Europäisierung Deutschlands wird alle vermuteten Gefahren bannen. Vor uns muß sich niemand fürchten.

Wirklich? Ist die fixfertige Installierung produktionstüchtiger Giftgasfabriken, mehr noch, die Bedenkenlosigkeit, mit der die Bundesregierung diesen verbrecherischen Handel hingenommen, also gedeckt hat, nicht ein Gegenbeweis? Und gibt es nicht selbst dort Rückfälle in fürchterliches Verhalten, wo Behutsamkeit zur Berufsroutine gehört?

Als sich vor einigen Monaten die Außenminister der Sowjetunion und der Bundesrepublik Deutschland in der einst polnischen, seit 1939 weißrussischen Stadt Brest trafen, war das ein Treffen neben vielen. Dieser Ort kümmerte die Welt wenig. Nur die Polen reagierten verschreckt, weil Schewardnadse und Genscher taktlos genug waren, einander dort zu begegnen, wo im Herbst 1939 die Wehrmacht und die Rote Armee ihre Waffenbrüderschaft gefeiert und ihre Siegesparade abgehalten hatten. Eine Schande, zumal nicht, wie gewohnt, der Kanzler Kohl Polen gegenüber den Rüpel herauskehrte, sondern ein Politiker Rücksichtslosigkeit bewies, der allgemein als schlau, vorsichtig, ja, behutsam gilt.

Und abermals höre ich die Gebetsmühle der Einwände: Alle Ängste der Polen seien zwar verständlich, aber doch übertrieben; Deutschland habe sich reuig gewandelt und im Schulfach Demokratie mit lauter Einsernoten nahezu streberhaft verbessert; man möge dieses Außenministertreffen und andere Ungeschicklichkeiten doch bitte nicht überbewerten...

Gerne würde ich mich beschwichtigen lassen und uns als annähernd harmlos begreifen. Doch sobald ich Bilanz des deutschen Einheitsprozesses ziehe, sind alle Befürchtungen wieder hellwach. Erschreckend, wie die D-Mark zum Glaubensartikel erhoben wurde, als könne Gedankenleere durch Geld wettgemacht werden. Beängstigend wurde die Diskussion um die künftige Hauptstadt über vollaufgedrehte Lautsprecher geführt. Beklemmend wirkt sich die Vereinheitlichung der öffentlichen Meinung vom »Spiegel« über die »FAZ« bis zur Wochenzeitung »Die Zeit« aus. Leichtfertig wurde an beiden Parlamenten vorbei der erste Staatsvertrag durchgepaukt. Und furchterregend lasen sich Erfolgsmeldungen, nach denen die Strategie des Blitzkrieges nun mit finanzpolitischen Zangenbewegungen ihre Friedensstärke beweist.

Wem wird noch immer nicht bange, wenn täglich deutsche Rückfälligkeiten demonstriert werden, wenn mühsam erlernte demokratische Tugenden über Nacht ihren Kurswert verlieren, wenn Vereinigung auch im Staatssicherheitsbereich vollzogen wird, wenn sich – schon wieder einmal – die größte Oppositionspartei wegduckt, weil sie befürchten muß, nach leisestem Widerspruch »vaterlandslos« gescholten zu werden? Und nicht nur lächerlich, furchterregend auch sind jene aus Dummheit zelebrierten Siegerposen, nach deren Weisung jeder Utopie Platzverbot zu erteilen und jedwedem dritten Weg das Wegerecht zu verweigern ist. Wie vormals die inzwischen gescheiterte Planwirtschaft wird nun die Marktwirtschaft zur Ideologie erhoben. Und des Kanzlers Verhältnis zur Macht darf sich im Vergleich mit Bismarck spiegeln, als wäre die Blut-und-Eisen-Politik des preußischen Junkers für die Deutschen und ihre Nachbarn ein Segen gewesen.

Nun könnte man sagen, alle hier aufgezählten Befürchtungen werden sich relativieren, weil die Politik des bismarckschen Kanzlers spätestens nach der Dezemberwahl Konkurs anmelden muß. Selbst den notorisch Gutwilligen und allzeit Treugläubigen wird nicht verborgen bleiben, daß Kohl und sein Finanzminister sechzehn Millionen Deutsche sozial deklassiert haben. Wie hätte auch die zwischen Elbe und Oder ohnehin marode Wirtschaft dem plötzlichen Konkurrenzdruck westlicher Warenangebote standhalten können? Der Zusammenbruch der Landwirtschaft, die sprunghaft steigende Arbeitslosigkeit, der neue Zentralismus der Treuhandgesellschaft, die leeren Kassen der Kommunen, das Stasi-Syndrom allerorts, die so oft versprochenen und dennoch hartnäckig ausbleibenden Investitionen, der Unfälle steigernde Gebrauchtwagenhandel, die erneute Abwanderung von Facharbeitern gen Westen, das Stimmungstief – nach soviel Hoffnungsmache – und das vorausgesagte wirtschaftliche und soziale Chaos sind offensichtlich: Des Roßtäuschers Pferde lahmen.

Also sind sie doch gar nicht so gefährlich, die Deutschen. Bei allem Glück und nachbarlichem Vertrauen haben sie dennoch einen einzigen Pfusch zustande gebracht. Zahlen werden sie müssen, unentwegt draufzahlen. Großsprecher und Dilettanten waren am Werk; sogar der Hüter der westdeutschen Währung, Karl Otto Pöhl, der anfangs Zweifel geäußert hatte, gab schließlich der »Einheit auf Pump« den Freipaß und ist nun mitverantwortlich.

Doch da nicht beliebige Fehlentscheidungen zu beklagen sind, vielmehr eine brutal vollzogene Staatsaktion Wirkung zeigt, beweist die übereilte und unvorbereitete Einführung der D-Mark – Währungsunion genannt – von Tag zu Tag mehr den erbarmungslosen Umgang mit Menschen, die seitdem schutzlos den Methoden des Frühkapitalismus ausgesetzt sind. Nach jahrzehntelanger ideologischer Bevormundung, kurzgehalten durch kommunistische Mangelwirtschaft, doch immerhin hoffend auf versprochene Wunderwirkung, widerfährt ihnen jetzt jene Ausbeutung, deren Fratze vormals die Zuchtmeister leninistischer Schule als Schreckgespenst an die Wand gemalt haben.

Es ist die menschenverachtende Gewalttätigkeit dieser Politik, die fürchterlich ist und Angst verbreitet. Man wird sich außerhalb unserer Landesgrenzen (und nicht nur in Polen) fragen: Wie werden die Deutschen demnächst – nun annähernd achtzig Millionen stark – im zukünftig gemeinsamen Haus Europa hier zupacken, dort absahnen und allemal ihr Schnäppchen machen wollen? Denn nicht mehr im militärischen Bereich liegt die vermutete Bedrohung – wie den Japanern ist den Deutschen die Lust am Krieg vergangen –, wohl aber in der ökonomischen Expansionskraft der einst geschlagenen Achsenmächte, die wenig Hemmung zeigen, ihre Macht abermals zu bündeln, wie neuerdings Daimler-Benz und Mitsubishi, denen eine Technologieachse zwischen Deutschland und Japan planenswert ist. Solch »strategische Allianz« drückt jetzt schon aggressiven Willen nach Zuwachs, Marktbeherrschung, aber auch jene

Hemmungslosigkeit aus, die sich in exportierten Giftgasfabriken bewiesen hat.

Erschreckend ist zusätzlich, daß sich die öffentliche Meinung in Deutschland, die vor Jahresfrist noch vom Widerspruch belebt war, verflacht hat. Wer nicht der Einheit sein Ja verpfändet, gilt als »out«. Einheitlicher Wille formiert sich. Sogar im intellektuellen Bereich ist die Tugend des Neinsagens zur Rarität verkommen. Einst sorgsam gepflegte Freiräume – Feuilleton genannt – sind zu Hinrichtungsstätten umfunktioniert worden. Kein Bild, das in der DDR oder – wie es pauschal heißt – in Unfreiheit gemalt wurde, soll fortan als Kunst gelten und in Museen gezeigt werden. Nur noch Westkunst über alles. Und als Christa Wolf auf den Richtplatz gezerrt wurde, sollte es nicht nur ihr an den Kragen gehen, sondern, genau gelesen, auch einem Gutteil der DDR-Literatur: Die Zeit der Nachsicht ist vorbei. Vom Bonus zum Malus. Was heißt hier »kulturelle Identität«! So was kommt weder im Staatsvertrag noch im Einigungsvertrag vor. Alles Schrott! heißt die gängige Diagnose. Euren Kulturbund und was es sonst noch gab, könnt ihr glatt vergessen.

Die deutsche Einheit hat sich der Methode Kahlschlag verschrieben. Wer als Maler, Schriftsteller, Musiker, als Theater- oder Filmregisseur, als Zirkusdirektor, Verlagslektor, Archivar oder Bibliothekar das Wagnis eingeht, ein wenig zu klagen, das Wort Verlust zu flüstern oder gar vor kultureller Kolonialisierung zu warnen, der wird als wehleidig gescholten, der linken Spinnerei verdächtigt oder mit Ratschlägen dieser Art versorgt: Ihr müßt da raus aus der Jammerecke. Auf dem freien Markt behauptet sich nur, was sich durchsetzt. Auch in der Kunst zählt Leistung nur. Hat alles seinen Preis. Habt ihr doch gewollt, diese Freiheit – oder? Übertreibe ich?

Die bisherige Entwicklung im Prozeß deutscher Markterweiterung hat bewiesen, daß meine ärgsten Übertreibungen von der Wirklichkeit überboten worden sind. Ich erlaube mir, weiterhin schwarzzusehen. Woher sollten auch aufhellende Grautöne kommen? Jene linksliberale Widerstandskraft gegen staatliche Anmaßung, Rechtsbruch und regierungsamtliche Korruption, die sich in der Bundesrepublik seit Ende der sechziger Jahre an dem von Jürgen Habermas geprägten Begriff »Verfassungspatriotismus« orientiert hat, ist mehr als geschwächt. Entsprechend schwach erleben die Grünen und das Bündnis 90 die späte Feier ihrer Vernunftehe. Allzu verliebt in basisdemokratische Sandkastenspiele, war ihnen bisher ihre Schwäche zugleich Beweis für fundamentale Abscheu angesichts politischer Macht. Man war sich genug.

Doch jetzt kommen härtere Tage; Glocken läuten sie ein. Erfaßt sind alle Daten und fortan leicht zugänglich dem gesamtdeutschen Mißbrauch. Den Rest besorgt das Beamtenrecht: Aus dem Diestel von heute spricht schon der Diestel von morgen. Nun haben wir sie, die Klassengesellschaft: Sozial gespalten, ist den Deutschen innerer Unfriede sicher. Noch bevor er sich ausrief, brach schon der neue Staat das Grundgesetz und verweigerte dem Volk eine Verfassung. Kein vielfältiger »Bund deutscher Länder«, dessen Bürger ich gern wäre, hat Zukunft; ein Monstrum will Großmacht sein. Dem sei mein Nein vor die Schwelle gelegt.

Oft mit Leidenschaft, kritisch zustimmend und während Jahrzehnten unverdrossen, so habe ich mich bis heute als Verfassungspatriot begriffen. In seiner Machtfülle wird der neue Staat einen solchen Patrioten kaum vermissen.

Das geschändete Bild

Rede im Schloß Bellevue in Berlin

Wenn ich auch weiß, daß Bilder nur annähernd zu beschreiben und Wörter darauf aus sind, Bedeutung festzuklopfen, muß dennoch versucht werden, ein Bild zu benennen, das öffentlich geschändet wurde.

Acht Meter breit, annähernd vier Meter hoch mißt die Leinwand. In der dargestellten Räumlichkeit gehen Innen- und Außenraum ineinander über. Die Gestik aller Figuren, ob Mensch oder Tier, drängt zu den Bildrändern, als wolle sie das Format sprengen. In dem Außen- wie Innenraum hängt eine nackte Glühbirne, die kaltgezacktes Licht wirft. Als erhelle das elektrische Licht nicht genug, stößt eine Frau aus offenem Fenster mit langem, im Bildzentrum dominierenden Arm die Petroleumlampe. Sie will das Geschehen bis in den letzten Blickwinkel ausleuchten: das getroffen wiehernde Pferd; den unbewegten Kopf des Stiers, der sich, grell abgehoben vom massiven Körper, im Profil und doch doppeläugig zeigt; vom Schrecken getrieben, springt nacktärschig das Mädchen auf; zwischen erhobenen Händen, mit jeweils gespreiztem Griff, schreit eine Frau; und betont deutlich hält der gestürzte Reiter in seiner rechten verkrampften Hand, die nicht loslassen will oder kann, eine Blume. Die Gleichzeitigkeit des Bildgeschehens gehorcht unsichtbarer Gewalt, die von außen kommt, zuschlägt, Wirkung zeigt. Doch selbst dort, wo der äußere Raum durch ein lukenartig geschnittenes Fenster markiert ist, gibt sich diese Gewalt nicht zu erkennen. Der gestürzte, den unteren Bildrand begrenzende Reiter, die beiden Frauen im rechten und linken Bildfeld schreien gen Himmel. Kommt von dort her die unsichtbare Gewalt?

Was geschah, auf daß, vorherrschend grau in grau gemalt, dieses Bild zum Bild unseres Jahrhunderts werden konnte, gültig noch und wiederum angesichts gegenwärtiger Schrecken? Wohin sind, da nur Opfer die Szene beherrschen, die Täter entkommen? Alles schreit: das elektrische Licht, die Menschen, das Pferd. Weil einzig der Stier vieldeutig stumm bleibt, steigert er das Geschrei. Und so könnte dieses Bild heißen, hieße es nicht »Guernica«.

Ich sah es mehrmals, als es noch, nach New York exiliert, im Museum of Modern Art fremd blieb zwischen soviel Kunst. (Einzig ein Triptychon des Malers Max Beckmann hing ähnlich verschollen im benachbarten Saal und lud zum Bildvergleich ein. Jeweils der bis zur Schmerzgrenze gesteigerte Ausdruck. Streng abgeschieden, dennoch einander nah: der deutsche, der spanische Maler.)

Inzwischen ist Picassos »Guernica« heimgekehrt, das heißt nur wenig entfernt vom Prado-Museum, doch zu ihm gehörend – und deshalb in Nachbarschaft zu Goyas »Schwarzen Bildern«. – In einem Gebäude, das eigens für dieses Wandbild und dessen Vorstudien und Entwürfe freigestellt wurde, wird der bildgewordene Schrecken, das gellend stumme Geschrei in einem klimatisierten Raum, geschützt vor Anschlägen durch Spezialglas, zur Ansicht gebracht.

Nur räumlich dem heimischen Bürgerkrieg entrückt, begann Pablo Picasso im Frühjahr 1937 mit den Vorarbeiten. Bereits im Sommer konnte das Ergebnis im spanischen Pavillon der Pariser Weltausstellung dem Publikum gezeigt werden. 1936, im ersten Kriegswinter, hatte die Regierung der Republik den Auftrag erteilt. Ein Raum, groß genug für ein breit ausladendes Wandbild, wurde gemietet, blieb aber während Monaten ungenutzt, bis eine besondere Nachricht aus dem Alltag des Spanischen Bürgerkrieges den Maler anstieß, dieses Bild, sein Bild, unser Bild zu malen.

Die kleine Stadt, einst Hauptstadt des Baskenlandes, liegt nahe dem Meer, nicht weit von Bilbao entfernt. Am 26. April 1937 wurde Guernica vom späten Nachmittag bis in den Abend hinein bombardiert. In Wellen luden Flugzeuge, die fabrikneu waren und zum Modernsten gehörten, das die Kriegstechnik vor Ausbruch des Zweiten Weltkrieges aufzubieten hatte, Bomber vom Typ Heinkel 111 und vom Typ Junkers 52, ihre Last ab: Brandbomben und Sprengbomben bis zum Gewicht von fünfhundert Kilogramm. Kampfflugzeuge wurden erprobt. Flächenbombardement als Uraufführung.

An diesem Tag, einem Montag, war Markttag und die Innenstadt belebt. Chaos und Flucht nach den ersten Einschlägen. Kaum war die Bombenlast abgeworfen, beschossen die Flugzeugbesatzungen die Fliehenden mit Maschinengewehren. Von den rund 7 000 Einwohnern Guernicas waren nach dem Angriff 1 654 tot und 889 verletzt.

Nicht aus diesen und jenen, aus deutschen Flugzeugen warfen deutsche Besatzungen Bomben deutscher Fabrikation. Verantwortlich für den Terrorangriff war die deutsche Legion Condor, eine Eliteeinheit.

Aber nicht Haß auf die Deutschen, nicht Abscheu gegenüber dem putschenden General Franco, nicht seine erklärte Parteinahme für die bedrohte Republik; das Entsetzen des Malers Picasso schlug bildhaft um. Kein Feind wurde deutlich gemacht. Kein einziges faschistisches Symbol und auch kein Hinweis auf deutsche Täter finden sich – und sei es versteckt – in der komplexen Komposition. Einzig die Opfer waren dem Maler gegenständlich. Ihrem Schmerz, ihrem Erschrecken, ihrem Geschrei gab er Ausdruck mit den Mitteln der Kunst, um seiner Kunst zu genügen, aber auch, damit die Welt sah und hörte; doch die Welt sah und hörte nicht.

Als das Wandbild »Guernica« im Weltausstellungspavillon der spanischen Republik zu Ansicht kam, war den Rechten die jede Konvention sprengende Gestaltung zuwider, fehlte den Linken, besonders den Kommunisten, die ablesbare parteiliche Tendenz. Eine Minderheit sah, hörte und sprach verstört von Kunst.

So ist es bis heute geblieben. Als epochemachendes Werk der Kunstgeschichte, als Höhepunkt der »Moderne« akzeptiert und mittlerweile gleichmütig toleriert, ist Picassos »Guernica« weiterhin der gezielten Mißdeutung, der Schändung freigegeben, auch jener Infamie, vor der kein Spezialglas das museal aufbewahrte Original schützen kann.

Ende September 1990 hatten Zeitschriften (»Gong«, »stern«, »Der Spiegel«) eine technisch einwandfreie Reproduktion des Bildes, verbunden mit einem Anzeigentext, in hoher Auflage verbreitet. Das war wenige Tage vorm Tag der deutschen Einheit, vorm Glockengeläut. Fettgedruckt stand unterm rechten Bildteil, in vier Zeilen gebrochen, als Aufmacher die Schlagzeile »Feindbilder sind die Väter des Krieges«. Die schmale Textkolumne, neben den rechten Bildrand gerückt, warb für die Bundeswehr und machte mit halbfetter Schrift die Bundeswehr als unterzeichnenden Autor bekannt. Abermals gab sich die Bundeswehr mit diskret plaziertem Signum, dem Eisernen Kreuz, schüsselförmig von Schrift umrundet, als verantwortlich für die mit Steuergeldern finanzierte Anzeige zu erkennen.

Der Werbetext, dem Picassos »Guernica« beispielhaft als »Feindbild« zu dienen hatte, indem er mit der Überschrift »Feindbilder sind die Väter des Krieges« Auskunft über Ursache und Wirkung gab, behauptete auf dreiundzwanzig Zeilen Länge, daß die Bundeswehr kein Feindbild habe und nur totalitäre Regime Feindbilder verwendeten: »Sie zeichnen das Bild vom bösen Feind, um die Opfer begründen zu können, die sie dem Volk ständig abverlangen.« Im weiteren Verlauf des Werbetextes ist von der kriegsstiftenden Gefahr der Feindbilder zu lesen und von den Tugenden der Bundeswehr, die ihren Auftrag nie mit Feindbildern begründet habe: »Nicht ›Wogegen?‹, sondern ›Wofür?‹ lautet die Frage nach dem Sinn des Einsatzes.« Dann zählt der Text auf, was alles zu verteidigen sei, um schließlich die Bundeswehr zu definieren: »Sie ist unsere Versicherung gegen Wechselfälle, die niemand vorhersagen kann.«

Man könnte vermuten, es solle für die Bundeswehr als einer Unterabteilung der Allianz-Lebensversicherung geworben werden, zumal der Werbetext eine Vielzahl solch biederer Beschwichtigungen reiht.

Doch nichts, keine Zeile erklärt dem Leser dieser Anzeige, warum Picassos »Guernica« exemplarisch als Feindbild zu taugen hat. Unterschlagen wird der Anlaß für die Entstehung des Bildes. Ignoriert wird, daß kein Feind, wohl aber dessen schreiende Opfer zum Bild wurden. Durch Verschweigen wird weggelogen, daß es deutsche Piloten, Flugzeuge, Bomben und Maschinengewehrgeschosse gewesen sind, die die baskische Stadt Guernica zerstört und 1654 ihrer Bürger ermordet haben; keine Fußnote will den Namen der kriminellen Vereinigung, die Legion Condor, preisgeben. Schamlos und nach üblem Vorbild wird getextet. Indem die Bundeswehr Picassos »Guernica« schändet, kehrt sich ihr Harmlosigkeit suggerierender Text ins Gegenteil: Er konstruiert ein Feindbild und bedient sich jener Methoden, die unter der Herrschaft des Faschismus und Stalinismus Praxis gewesen sind.

Kleingedruckt findet sich links unterm Bildrand der Titel des Bildes und der Vor- und Zuname des Urhebers. Hinterm Copyright-Zeichen firmiert die VG Bild-Kunst, Bonn. VG heißt: Verwertungsgesellschaft. Es ist anzunehmen, daß den Picasso-Erben ein Teil der Verwertungsgebühr überwiesen worden ist, korrekterweise mit einem Belegexemplar. Doch weil es sein könnte, daß die Erben nicht ahnen, Judaslohn kassiert zu haben, schien es mir geraten, über ein Hamburger Anwaltsbüro die Erbengemeinschaft zu informieren, zumal mir jede Rechtsgrundlage fehlt, gegen die Bundeswehr Anzeige zu erstatten. Unter ihrem Werbetext steht, abermals kleingedruckt: »Wollen Sie mehr zu diesem Thema wissen? Schreiben Sie an das Streitkräfteamt, Postfach 14 01 89, 5300 Bonn 1.«

Für meine Widerrede war und ist das Streitkräfteamt nicht die Adresse. Nachdem ich, außer in der Zeitschrift »art«, keine kritische Reaktion auf die kalkulierte Ungeheuerlichkeit dieser für die Bundeswehr werbenden Anzeige zu Gesicht bekommen hatte – weder der Deutsche Künstlerbund noch die Abteilung Bildende Kunst der Berliner Akademie der Künste sahen sich durch die Schändung des Picasso-Bildes angestoßen; und auch im Bundestag ist dieser Fall beschwiegen worden –, habe ich meinen Protest ein halbes Jahr lang ausgetragen, wissend, daß mir, gemeinsam mit Günter de Bruyn, diese Lesung an besonderem Ort bevorstand.

Vor eineinhalb Jahren, als die DDR sich noch ihrer Machtfülle gewiß zu sein schien, wurde die Einladung des Bundespräsidenten ausgesprochen. Seitdem ist mehr geschehen, als sich in Geschichtsbüchern wiederfinden wird. Mittlerweile sind die nunmehr vereinigten Deutschen einander fremder als vorbedacht. Anstelle politischer Teilung spaltet soziale Deklassierung das größer gewordene Land. Geprellt von Wahlbetrügern, sind die Neubürger abermals abgeschrieben und mögen sich vergessen vorkommen, spätestens seitdem die Golfkrise wie zwangsläufig in Krieg umschlug und die Kehrseite deutscher Friedfertigkeit zutage trat. Jetzt wissen wir, daß der verbrecherische Waffenhandel mit dem Irak nicht nur von bundesdeutschen Firmen – unter ihnen solche von Weltrang – zu verantworten ist; nein, die Bundesregierung betrieb wissend, duldend und mit Hilfe von Bürgschaften tätig dieses folgenreiche Verbrechen; wir werden,um das Bonner Milieu genau zu benennen, von einer »Ehrenwerten Gesellschaft« regiert.

Man mag sich fragen: Was zählt die vor einem halben Jahr geschaltete, sozusagen verjährte Feindbild-Anzeige der Bundeswehr, wenn doch ruchbar geworden ist, daß das zuständige Ministerium wie fauler Fisch vom Kopf her stinkt. Wen juckt die Schändung eines, zugegeben, bedeutenden Bildes, wenn unlängst in führenden Feuilletons jeglicher »Gesinnungsästhetik« die Gesellschaftsfähigkeit abgesprochen wurde? Wen könnte mein Protest gegen die posthume Beleidigung der von Deutschen ermordeten Bürger der Stadt Guernica – 1 654 an der Zahl – hinterm Ofen hervorlocken, wenn doch Schamlosigkeiten dieser Machart unter Brüdern konsensfähig sind? Allenfalls wird man, auf gute Manieren bedacht, die Geschmacklosigkeit des »Amtes für Streitkräfte« rügen, wie man etwa Bayer Leverkusen zu rügen hätte, wenn es der Werbeabteilung dieses Konzerns einfiele, mit einer perfekt gedruckten Reproduktion des Isenheimer Altars für schmerzbetäubende Tabletten zu werben. Und schon wäre der nächste Skandal kurzfristig aktuell.

Ein wenig altmodisch komme ich mir vor inmitten solch beschleunigter Kommunikation. Gewohnt, daß das Verdikt »Moralprediger« seit Heinrich Bölls Zeiten haftet, weiß ich, wie gängig jene Lumpenmoral ist, nach der gewesen sein soll, was gewesen ist. Dennoch beanspruche ich ein ungeschriebenes Recht, das Menschenrecht auf Vergangenheit. Mehr noch: Indem ich diese Polemik unter dem Titel »Das geschändete Bild« meinem Gastgeber, dem Bundespräsidenten, widme, vertraue ich seinen vielgehörten Reden, seinem Wort, das die Last deutscher Vergangenheit nicht ausspart.

Er weiß, was Guernica bedeutet. Seine Generation – und auch meine noch – wurde von Guernica und den Folgen gezeichnet. Gegen den zur Vergeßlichkeit aufrufenden Zeitgeist hat er wiederholt und seine Amtsführung erschwerend Sätze gesprochen, die auch die nachgeborenen Generationen dieser Vergangenheit verpflichten. Ich will ihm seine Amtsführung nicht leichter machen. Mein Wort kann vielleicht Anstoß geben – sein Wort hat manchmal Gewicht.

Der Bundesverteidigungsminister ist verantwortlich für eine Werbeanzeige zugunsten der Bundeswehr, deren Tendenz den Dienst in ihren Einheiten zuschanden macht. Gerade weil die Bundeswehr an einem Krieg beteiligt war, dessen heillose Folgen unübersehbar und dessen Opfer ungezählt sind, ist der Schaden, den diese Anzeige verursacht, kaum zu begleichen; sie kann nicht hingenommen werden.

Indem ich Richard von Weizsäcker bitte, den Bundesverteidigungsminister aufzufordern, sich bei den Bürgern der Stadt Guernica zu entschuldigen, erwarte ich nicht viel – keinen Rücktritt, wer tritt schon zurück! –, wohl aber, daß der höchste Repräsentant der Bundesrepublik Deutschland sein Amt wahrnimmt.

Schreiben nach Auschwitz

Frankfurter Poetik-Vorlesung

Ein Schriftsteller, aufgefordert, von sich, also von seiner Arbeit, zu berichten, müßte sich in ironische, alles verkleinernde Distanz verflüchtigen, wollte er jenen Zeitraum meiden, der ihn belastet, geprägt, (bei allem Ortswechsel) zwischen Widersprüchen seßhaft, im Irrtum gefangengehalten und zum Zeugen gemacht hat. Indem ich diesen Vortrag unter den Titel »Schreiben nach Auschwitz« gestellt habe und nun einen Anfang suche, weiß ich, daß mir das Ungenügen vorgeschrieben ist. Mein Thema überfordert. Dennoch sei der Versuch gewagt.

Da ich – eingeladen von einer Universität – besonders zu Studenten spreche, mich also der Aufmerksamkeit oder nur blanken Neugierde einer Generation konfrontiert sehe, die, im Vergleich zu meiner, unter extrem anderen Bedingungen aufgewachsen ist, will ich mich vorerst um Jahrzehnte zurücknehmen und meinen Zustand im Mai 1945 skizzieren.

Als ich siebzehn Jahre zählte und mit hunderttausend anderen in einem amerikanischen Kriegsgefangenenlager unter freiem Himmel in einem Erdloch hauste, war ich, weil ausgehungert, mit gieriger Schläue einzig aufs Überleben bedacht, doch sonst ohne Begriff. Mit Glaubenssätzen dummgehalten und entsprechend auf idealistische Zielsetzungen getrimmt, so hatte das Dritte Reich mich und viele meiner Generation aus seinen Treuegelöbnissen entlassen. »Die Fahne ist mehr als der Tod«, hieß eine dieser lebensfeindlichen Gewißheiten.

Soviel Dummheit resultierte nicht nur aus kriegsbedingt löcherigem Schulwissen – als ich fünfzehn zählte, begann für mich, als Freiheit von Schule mißverstanden, die Luftwaffenhelferzeit –, vielmehr war es eine allgemeine, Klassen- und Religionsunterschiede überwölbende Dummheit, die sich aus deutschem Selbstgefallen nährte. Dessen Glaubenssätze hoben etwa so an: Wir Deutschen sind ... Deutschsein heißt ... und schließlich: Niemals würde ein Deutscher...

Dieser zuletzt anzitierte Punktumsatz überdauerte sogar die Kapitulation des Großdeutschen Reiches und gewann die vertrotzte Stärke von Unbelehrbarkeit. Denn als ich mit vielen meiner Generation – von unseren Vätern und Müttern sei hier nicht die Rede – den Ergebnissen von Verbrechen konfrontiert wurde, die Deutsche zu verantworten hatten und die seitdem unter dem Begriff Auschwitz summiert sind, sagte ich: Niemals. Ich sagte mir und anderen, andere sagten sich und mir: Niemals würden Deutsche so etwas tun.

Dieses sich selbst bestätigende Niemals gefiel sich sogar: als standfest. Denn die erdrückende Vielzahl von Fotos, die hier gehäufte Schuhe, dort gehäufte Haare, immer wieder zuhauf liegende Leichen abbildeten und mit unfaßlichen Zahlen und fremdklingenden Ortsbezeichnungen – Treblinka, Sobibór, Auschwitz – untertitelt waren, hatten, sooft amerikanischer Erziehungswille uns Siebzehn-, Achtzehnjährige zur Ansicht dieser Bilddokumente zwang, nur eines, die ausgesprochene wie unausgesprochene, doch gleichermaßen unbeirrte Antwort zur Folge: Niemals hätten, nie haben Deutsche so etwas getan.

Auch als das Nie oder Niemals (spätestens mit dem Nürnberger Prozeß) zunichte wurde – der ehemalige Reichsjugendführer nannte uns, die Hitlerjugend, frei von

Verantwortung –, brauchte es weitere Jahre, bis ich zu begreifen begann: Das wird nicht aufhören, gegenwärtig zu bleiben; unsere Schande wird sich weder verdrängen noch bewältigen lassen; die zwingende Gegenständlichkeit dieser Fotos – die Schuhe, die Brillen, Haare, die Leichen – verweigert sich der Abstraktion; Auschwitz wird, obgleich umdrängt von erklärenden Wörtern, nie zu begreifen sein.

Soviel Zeit seitdem vergangen ist, bei aller Beflissenheit einiger Historiker, Vergleichbares herbeizuzitieren, um einer, wie man sagt, unglücklichen Phase deutscher Geschichte historischen Stellenwert zu unterschieben, was immer auch eingestanden, beklagt, sonstwie aus Schuldbewußtsein gesagt wird – so in dieser Rede –, das Ungeheure, auf den Namen Auschwitz gebracht, ist, weil eben nicht vergleichbar, weil durch nichts historisch zu unterfüttern, weil keinem Schuldgeständnis zugänglich, unfaßbar geblieben und dergestalt zur Zäsur geworden, daß es naheliegt, die Menschheitsgeschichte und unseren Begriff von menschlicher Existenz mit Ereignissen zu datieren, die vor und nach Auschwitz geschehen sind.

Um so beharrlicher stellt sich dem Schriftsteller im Rückblick die Frage: Wie war es möglich, überhaupt möglich, dennoch möglich, nach Auschwitz zu schreiben? Wurde diese Frage nur gestellt, um dem Ritual der Betroffenheit zu genügen? Waren die quälenden Selbstbefragungen der fünfziger und frühen sechziger Jahre etwa nur rhetorische Übungen? Und: Kann diese Frage gegenwärtig von Gewicht sein, zu einer Zeit, in der Literatur allenfalls durch die neuen Medien grundsätzlich in Frage gestellt wird?

Zurück zum dummen, zum unbeirrbaren Halbwüchsigen. So dumm, so unbeirrbar war er nun auch wieder nicht. Schließlich hatte es, bei aller Kürze abgesessener Schulzeit, einige Lehrer gegeben, die, mehr verstohlen als offen, ästhetische Maßstäbe und weites Kunstverständnis erkennen ließen. Etwa jene als Lehrerin kriegsdienstverpflichtete Bildhauerin, die dem immerfort zeichnenden Schüler Ausstellungskataloge der zwanziger Jahre zuschob. Ein Risiko eingehend, hat sie mich mit dem Werk der Künstler Kirchner, Lehmbruck, Nolde, Beckmann entsetzt und gleichwohl infiziert.

Daran hielt ich mich. Oder das ließ mich nicht los. Angesichts dieser bildnerischen Provokationen hörte die Unbeirrbarkeit des Hitlerjungen auf; nein, sie hörte nicht auf, durchlässig wurde sie an einer einzigen Stelle, hinter der sich andere, egozentrische Unbeirrbarkeit auszuwachsen begann: die dumpfe und ungenaue, dennoch beharrlich zugespitzte Verstiegenheit, Künstler werden zu wollen.

Seit meinem zwölften Lebensjahr war ich davon nicht abzulenken, weder durch väterliche Berufsvorstellungen soliderer Art noch durch spätere Ungunst der Zeit: überall Trümmer und nichts zu essen. Diese jugendliche Besessenheit blieb vital, überlebte unbeschadet, das heißt wiederum unbeirrt, das Kriegsende, entsprechend die ersten Nachkriegsjahre und auch die ringsum alles verändernde Währungsreform.

Und so fiel die Berufsentscheidung aus. Nach der Steinmetz- und Steinbildhauerlehre wurde ich Bildhauerschüler zuerst der Kunstakademie Düsseldorf, später der Hochschule für Bildende Künste Berlin. Doch diese autobiographischen Daten sagen nur wenig, allenfalls, daß der Wunsch, Künstler werden zu wollen, eine, wenn man will, bewundernswerte, ich meine nachträglich, fragwürdige Geradlinigkeit verrät: gewiß nicht fragwürdig, weil sie so schnurstracks an den Bedenken der Eltern vorbei verlief, bewundernswert vielleicht, weil sie ohne materielle Absicherung einfach gewagt wurde; aber fragwürdig doch und am Ende gar nicht bewundernswert, weil sich meine künstlerische Entwicklung, die bald übers Gedicht zur Schriftstellerei führte, schon wieder unbeirrbar vollzog, unbeirrbar auch durch Auschwitz.

Nein, dieser Weg wurde nicht unwissend eingeschlagen, denn mittlerweile lag ja aller Schrecken offen zutage; dennoch führte er blindlings und dabei zielstrebig an Auschwitz vorbei. Schließlich gab es in Überfülle Orientierungen anderer Art. Nicht solche, die hemmten und den Schritt zögern ließen. Zuvor nie gehörte Autorennamen lockten, ergriffen Besitz: Döblin, Dos Passos, Trakl, Apollinaire. Die Kunstausstellungen jener Jahre waren keine durchgestylten Selbstinszenierungen berufsmäßiger Ausstellungsmacher, vielmehr eröffneten sie unverstellt neue Welten: Henry Moore oder Chagall in Düsseldorf, Picasso in Hamburg. Und Reisen wurden möglich: per Autostopp nach Italien, nicht nur, um die Etrusker, sondern auch karge, erdtonige Bilder von Morandi zu sehen.

Indem die Trümmer mehr und mehr aus dem Blickfeld gerieten, war es, obgleich ringsum schon wieder nach altem Muster gewebt wurde, eine Zeit des Aufbruchs und freilich auch der Illusion, man könne auf alten Fundamenten Neues gestalten.

Übergangslos las ich Buch für Buch in mich hinein. Bildsüchtig nahm ich Bilder und Bildfolgen auf, ohne Plan, einzig auf die Kunst und ihre Mittel fixiert. Als gebranntem Kind reichte es mir, mehr aus Instinkt als mit Argumenten, gegen den ersten Bundeskanzler Konrad Adenauer, gegen den neureichen Mumpitz des beginnenden Wirtschaftswunders, gegen die christlich verheuchelte Restauration, natürlich gegen die Wiederbewaffnung, selbstverständlich gegen Adenauers Staatssekretär Globke, seinen Stasispezialisten Gehlen und weitere Schweinereien des rheinischen Großpolitikers zu sein.

Ich erinnere Ostermärsche, bewegt vom Protest gegen die Atombombe. Immer dabei und dagegen. Das vertrotzte Entsetzen des Siebzehnjährigen, der nicht glauben wollte, hatte sich verflüchtigt und einer prinzipiellen Antihaltung Platz gemacht. Zwar war das Ausmaß des Völkermordes mittlerweile in Dokumentationsbänden greifbar; zwar hatte sich der angelernte Antisemitismus zum angelernten Philosemitismus ummünzen lassen; zwar verstand man sich selbstredend und ohne Risiko als Antifaschist, aber für grundsätzliche Bedenken, diktiert in alttestamentarischer Strenge, Bedenken dieser Art: Kann man nach Auschwitz Kunst machen? Darf man nach Auschwitz Gedichte schreiben? – für eben dieses Bedenken nahmen sich viele meiner Generation, nahm ich mir keine Zeit.

Gewiß, es gab diesen Adorno-Satz: »... Nach Auschwitz ein Gedicht zu schreiben ist barbarisch, und das frißt auch die Erkenntnis an, warum es unmöglich ward, heute Gedichte zu schreiben«, und seit 1951 lag Adornos Buch »Minima Moralia. Reflexionen aus dem beschädigten Leben« vor, in dem meines Wissens zum ersten Mal Auschwitz als Zäsur und unheilbarer Bruch der Zivilisationsgeschichte begriffen wird; doch wurde dieser neue kategorische Imperativ prompt als Verbotstafel mißverstanden. Stand doch solch strenges Diktum dem aufbruchlüsternen und wie unbeschädigten Zukunftsglauben im Wege, unbequem wie jeder kategorische Imperativ, abweisend durch abstrakte Strenge und leicht zu umgehen wie jede Verbotstafel.

Bevor man sich Zeit nahm, Adornos herausgepflückte Zuspitzungen im Umfeld ihrer vor- und nachgestellten Reflexionen zu entdecken, sie also nicht als Verbot, sondern als Maßstab zu begreifen, stand ausgesprochen wie unausgesprochen die Abwehr festgefügt. Dem verkürzten Adorno-Satz, dem zufolge nach Auschwitz kein Gedicht mehr geschrieben werden dürfe, wurde genauso verkürzt und besinnungslos geantwortet, als hätte jemand Feinde zum Schlagabtausch aufgerufen: Barbarisch sei dieses Verbot, es überfordere den Menschen, sei im Grunde unmenschlich; schließlich gehe das Leben weiter, wie beschädigt auch immer.

Auch meine Reaktionen, die auf Unkenntnis fußten, das heißt auf bloßem Hörensagen, bestanden auf Abwehr. Da ich mich im Vollbesitz meiner Talente wähnte und mich entsprechend als Alleinbesitzer dieser Talente sah, wollte ich sie ausleben, unter Beweis stellen. Geradezu widernatürlich kam mir Adornos Gebot als Verbot vor; als hätte sich jemand gottväterlich angemaßt, den Vögeln das Singen zu verbieten.

War es abermals Trotz oder mittlerweile chronische Unbeirrbarkeit, die nach erstem flüchtigen Hinhören sogleich die Sperre ins Schloß fallen ließ? Wußte ich nicht aus eigener Erfahrung, was mich entsetzt hatte und als Entsetzen nun nicht aufhören wollte? Was hinderte mich – und sei es auf Zeit nur –, das Bildhauerwerkzeug beiseite zu legen und der lyrischen Phantasie, meinem gefräßigen Kostgänger, eine Fastenzeit aufzuerlegen?

Heute vermute ich: Die Irritation muß größer oder zeitverschoben nachhaltiger gewesen sein, als ich mir damals eingestehen konnte. Etwas war angestoßen und – wenn auch gegen Widerstände – in Zucht genommen worden; jene als grenzenlos empfundene Freiheit, die keine erkämpfte, die eine geschenkte war, stand unter Aufsicht.

Indem ich bei mir nachblättere, um dem offenbar einzig von Kunst besessenen Kunstschüler auf die Schliche zu kommen, finde ich ein in jenen Jahren entstandenes Gedicht, das in letzter Fassung 1960 in dem Band »Gleisdreieck« veröffentlicht wurde, doch eigentlich in meinem ersten veröffentlichten Buch unter dem Titel »Die Vorzüge der Windhühner« hätte stehen müssen. Es heißt »Askese«, ist, wie auf Anhieb, ein programmatisches Gedicht und schlägt den für mich bis heute bestimmenden Grundwert Grau an:

Askese

Die Katze spricht.
Was spricht die Katze denn?
Du sollst mit einem spitzen Blei
die Bräute und den Schnee schattieren,
du sollst die graue Farbe lieben,
unter bewölktem Himmel sein.

Die Katze spricht.
Was spricht die Katze denn?
Du sollst dich mit dem Abendblatt,
in Sacktuch wie Kartoffeln kleiden
und diesen Anzug immer wieder wenden
und nie in neuem Anzug sein.

Die Katze spricht.
Was spricht die Katze denn?
Du solltest die Marine streichen,
die Kirschen, Mohn und Nasenbluten,
auch jene Fahne sollst du streichen
und Asche auf Geranien streun.

Du sollst, so spricht die Katze weiter,
nur noch von Nieren, Milz und Leber,

von atemloser saurer Lunge,
vom Seich der Nieren, ungewässert,
von alter Milz und zäher Leber,
aus grauem Topf: so sollst du leben.

Und an die Wand, wo früher pausenlos
das grüne Bild das Grüne wiederkäute,
sollst du mit deinem spitzen Blei
Askese schreiben, schreib: Askese.
So spricht die Katze: Schreib Askese.

Nun wurden Ihnen diese fünf Strophen nicht vorgetragen, um dem Hauptvergnügen der Germanisten, also der Interpretation Nahrung zu geben, doch glaube ich, daß, vor anderen Texten, das Gedicht »Askese« eine indirekte Antwort auf Adornos Gebotstafel ausspricht, indem es als metaphorisch umschriebener Reflex in eigener Sache Grenzen setzt. Denn wenn ich auch mit vielen anderen Adornos Gebot als Verbot mißverstanden hatte, blieb dessen neue, die Zäsur markierende Gesetzestafel dennoch in jeder Blickrichtung sichtbar.

Wir alle, die damals jungen Lyriker der fünfziger Jahre – ich nenne Peter Rühmkorf, Hans Magnus Enzensberger, auch Ingeborg Bachmann –, waren uns deutlich bis verschwommen bewußt, daß wir zwar nicht als Täter, doch im Lager der Täter zur Auschwitz-Generation gehörten, daß also unserer Biographie, inmitten der üblichen Daten, das Datum der Wannsee-Konferenz eingeschrieben war; aber auch soviel war uns gewiß, daß das Adorno-Gebot – wenn überhaupt – nur schreibend zu widerlegen war.

Doch wie? Bei wem lernend: bei Brecht, Benn, bei den Frühexpressionisten? Auf welcher Tradition fußend und zwischen welche Kriterien gestellt? Sobald ich mich als lyrisches Jungtalent neben den Jungtalenten Enzensberger und Rühmkorf sehe, fällt mir auf, daß unsere Vorgaben – und Talent ist nichts als Vorgabe – spielerisch, artistisch, kunstverliebt bis ins Künstliche waren und sich wahrscheinlich kaum der Rede wert ausgelebt hätten, wären ihnen nicht rechtzeitig Bleigewichte verordnet worden. Eines dieser Gewichte, das auch dann noch lastete, wenn man es als Gepäck ausschlug, war Theodor W. Adornos Gebot. Seiner Gesetzestafel entlehnte ich meine Vorschrift. Und diese Vorschrift verlangte Verzicht auf reine Farbe; sie schrieb das Grau und dessen unendliche Abstufungen vor.

Es galt, den absoluten Größen, dem ideologischen Weiß oder Schwarz abzuschwören, dem Glauben Platzverweis zu erteilen und nur noch auf Zweifel zu setzen, der alles und selbst den Regenbogen graustichig werden ließ. Und obendrein verlangte dieses Gebot Reichtum neuer Art: Mit den Mitteln beschädigter Sprache sollte die erbärmliche Schönheit aller erkennbaren Graustufungen gefeiert werden. Das hieß, jene Fahne zu streichen und Asche auf Geranien zu streuen. Das hieß, mit spitzem Blei, der von Natur her für Grauwerte steht, quer über jene Wand, »wo früher pausenlos / das grüne Bild das Grüne wiederkäute«, als mein Gebot das Wort Askese zu schreiben.

Also raus aus der blaustichigen Innerlichkeit. Weg mit den sich blumig plusternden Genitivmetaphern, Verzicht auf angerilkte Irgendwie-Stimmungen und den gepflegten literarischen Kammerton. Askese, das hieß Mißtrauen allem Klingklang gegenüber, jenen lyrischen Zeitlosigkeiten der Naturmystiker, die in den fünfziger Jahren ihre Kleingärten bestellten und – gereimt wie ungereimt – den Schullesebüchern zu wertneutraler Sinngebung verhalfen. Askese hieß aber auch, seinen Standort zu bestimmen. Hier etwa datiert sich als Parteinahme, während des damals virulenten Streits zwischen Sartre und Camus, meine Entscheidung für Sisyphos, den glücklichen Steinewälzer. Anfang 1953 wechselte ich Ort und Lehrer. Keine große Sache: weg von Düsseldorf, der Hauptstadt des ausbrechenden Wirtschaftswunders, hin nach Berlin mit dem Interzonenzug. Ein Wust Gedichte, die Steinmetzeisen, das Hemd zum Wechseln, wenige Bücher und Schallplatten: mein Gepäck.

Berlin, dieser kaputte, schon wieder von Ideologien besetzte Ort, der von Krise zu Krise auflebte, erstreckte sich flach zwischen Trümmerbergen. Leergeräumte Plätze, auf denen der Wind ständig Tüten drehte. Immerfort Ziegelsplitt zwischen den Zähnen. Streit über alles. Streit zwischen gegenständlicher und gegenstandsloser Kunst: hier Hofer, dort Grohmann. Hüben und drüben: hier Benn, dort Brecht. Kalter Krieg mittels Lautsprecheranlagen. Und doch war das Berlin jener Jahre – bei allem Geschrei – ein totenstiller Ort. Hier hatte die Zeit sich nicht beschleunigen lassen. Noch war das »beschädigte Leben« offenkundige Realität und von keinen Billigangeboten verstellt. Hier fand sich kaum Platz für koketten Umgang mit dem Unsäglichen. In Berlin bekamen meine letzten epigonalen Fingerübungen einen harten Radiergummi zu spüren: Hier wollten die Dinge benannt werden.

In rascher Folge entstanden, abseits von Modellierbock und Zeichenbrett, die ersten selbständigen Gedichte, Verse, die sozusagen freihändig und ohne Netz turnten. Aber auch Dialoge, knappe Einakter schrieb ich, etwa jenen, der später das Schlußstück in einem Spiel in vier Akten unter dem Titel »Onkel, Onkel« wurde und so beginnt:

Am Rande der Stadt. Eine verlassene Baustelle. Bollin steht zwischen Kieshaufen und Gerüstbrettern auf einem Mörteleimer. Er schaut wartend zur Stadt. (Zwei Kinder) Sprotte und Jannemann nähern sich langsam.

SPROTTE: Onkel?
JANNEMANN: Onkel, haste nich'n Ding?
SPROTTE: Ja, Onkel, geb ihm doch.
JANNEMANN: Haste nich, nur eins?
SPROTTE: Du, Onkel?
JANNEMANN: Hörste nich?
BOLLIN: Nein!
JANNEMANN: Nur eins, Onkel?
BOLLIN: Gibt nix!
SPROTTE: Guck doch mal nach, vleicht haste doch.
BOLLIN: Was denn, was denn!
SPROTTE: Na'n Ding!
BOLLIN: Was für'n Ding denn?
SPROTTE: Irgend so eins, ganz egal, was.
JANNEMANN: Weißte denn nicht, was'n Ding ist?
SPROTTE: Hat doch jeder.
JANNEMANN: Du auch, bestimmt...

Und drei Jahre später, im Frühjahr 1956 – noch bin ich Bildhauerschüler bei Karl Hartung –, erscheint mit Gedichten und Zeichnungen mein erstes Buch, in dem Vierzeiler wie dieser stehen:

Gasag

In unserer Vorstadt
sitzt eine Kröte auf dem Gasometer.
Sie atmet ein und aus,
damit wir kochen können.

Heute, vor mein Thema gestellt, frage ich mich: Ist das ein Gedicht, sind das Theaterdialoge, die nach Auschwitz geschrieben werden durften? Hat das Askese-Gebot zwangsläufig nur diese Ausformung von Magersucht zur Folge haben können? Achtundzwanzig Jahre war ich mittlerweile alt, aber mehr oder anderes war mir vorerst nicht möglich.

Und Gedichte und Einakter dieser Art las ich auf den Tagungen der »Gruppe 47« vor, die mich, den Anfänger, in Gestalt von Hans Werner Richter, ab Herbst 55 regelmäßig einlud. Viele Texte, die dort gelesen wurden, waren direkter als meine. Einige sprachen sich, wie im Nachholverfahren, eindeutig, das heißt mit Hilfe positiver Helden, gegen den Nationalsozialismus aus. Diese Eindeutigkeit machte mich mißtrauisch. Mutete solch nachgeholter Antifaschismus nicht wie Pflichtübung an, anpasserisch in einer Zeit, die auf Anpassung abonniert war, verlogen also und geradezu obszön, gemessen am zwar ohnmächtig geringen, aber in Spuren doch nachweisbaren Widerstand gegen den Nationalsozialismus?

Diese ersten Erfahrungen mit der Literatur und ihrem Betrieb warfen mich zurück. Ich war wieder siebzehn. Kriegsende. Die bedingungslose Kapitulation. Gefangenschaft in Erdlöchern. Fotos, die Brillen-, Schuh-, Knochenberge vorzeigten. Vertrotztes Nicht-glauben-Wollen. Und weiter zurückgezählt: fünfzehn, vierzehn, dreizehn Jahre alt. Lagerfeuer, Fahnenappelle, Kleinkaliberschießen. Von Ferien unterbrochenes Schulallerlei, während sich wirkliches Geschehen in Sondermeldungen aussprach. Gewiß: schülerhafte Aufsässigkeit. Langeweile beim HJ-Dienst. Blöde Witze über Parteibonzen, die sich vorm Frontdienst drückten und abfällig »Goldfasane« genannt wurden. – Aber Widerstand? Nicht die Spur, kein Ansatz, und sei es auch nur in Gedankenfetzen. Eher Bewunderung für militärische Helden und anhaltend dumpfe, durch nichts zu irritierende Gläubigkeit, beschämend bis heute.

Wie hätte ich zehn Jahre später Widerstand zu Papier bringen, mir Antifaschismus andichten können, wenn doch »Schreiben nach Auschwitz« Scham, auf jedem weißen Blatt Scham zur Voraussetzung hatte? Eher stellte sich aus der Gegenwart der fünfziger Jahre die Frage nach Widerspruch gegen neuerdings falsche Töne, gegen die allerorts blühende Fassadenkunst, gegen die satte Versammlung zwinkernder Biedermänner: Hatten die einen nichts gewußt, nichts geahnt und spielten sich nun als von Dämonen verführte Kinder auf, waren die anderen schon immer, wenn nicht lauthals, dann doch insgeheim dagegen gewesen.

Ein Jahrzehnt, das auf Lügen fußte, die noch heute ihren Kurswert halten, aber auch ein Jahrzehnt der grundlegenden Entscheidungen. Wiederbewaffnung, Deutschlandvertrag heißen die Stichworte. Zwei deutsche Staaten entstanden Zug um Zug, jeder beflissen, Musterschüler des einen, des anderen Blocksystems zu sein, und glücklich über den günstigen Umstand, sich hier wie dort den Siegermächten dazuzählen zu dürfen. Zwar geteilt, doch geeint in der Übereinkunft, nochmal davongekommen zu sein.

Und doch gab es einen Störfaktor, der nicht ins Bild dieser feindseligen Zweisamkeit passen wollte. Am 16. und 17. Juni 1953 waren in Ostberlin und in Leipzig, in Halle, Bitterfeld und Magdeburg die Arbeiter unterwegs. Ihnen gehörte die Straße, bis die sowjetischen Panzer kamen. Ein Streik auf der Stalinallee – im März zuvor war Stalin gestorben – wuchs sich zum Aufstand aus, der traurig führungslos verlief und einzig von Arbeitern getragen wurde. Keine Intellektuellen, keine Studenten, keine Bürger und keine Kirchenoberen schlossen sich an, einzig wenige Volkspolizisten, die später standrechtlich erschossen wurden. Und dennoch ist dieser deutsche Arbeiteraufstand, dem Albert Camus von Paris aus Respekt erwies, drüben zur Konterrevolution, hier, mit des Lügners Adenauer Worten, zum Volksaufstand verfälscht und als Feiertag vernutzt worden.

Ich habe zugesehen. Vom Potsdamer Platz aus sah ich Panzer und Menschen gegeneinandergestellt. Ein Jahrzehnt später schrieb der Augenzeuge jener lapidar totalen Konfrontation in komplexer Form ein deutsches Trauerspiel: »Die Plebejer proben den Aufstand«. Komplex, weil dem Stück Shakespeares »Coriolanus« und Brechts Coriolan-Bearbeitung sowie dessen Verhalten zum 17. Juni unterlegt sind. Komplex aber auch, weil die Realität der Straße – jener führungslose Arbeiteraufstand – der Realität einer Theaterprobe widerspricht, die sich die Verbesserung des revolutionären Bewußtseins, insbesondere der Arbeiterklasse zur Aufgabe gemacht hat. Und obendrein komplex, weil der Chef dieses Theaters, auf dessen Bühne das Trauerspiel stattfindet, nie eindeutig ist oder sein kann. Denn als er sich gegen Ende des letzten Aktes doch noch entschließt, an den Ersten Sekretär des Zentralkomitees – dazumal Walter Ulbricht – einen Protestbrief zu schreiben, widersprechen ihm eine Schauspielerin, Volumnia genannt, und sein Chefdramaturg Erwin.

VOLUMNIA *nimmt ihm das Blatt ab:* Warum laut verlesen, was leisetreterisch daherkommt! In drei Absätzen hast du dich kurz gefaßt. Die beiden ersten geben sich kritisch und bezeichnen die Maßnahmen der Regierung und also der Partei als voreilig. Und im letzten ist es dir ein Bedürfnis, Verbundenheit mit allen zuvor Kritisierten auszudrücken. Warum nicht gleich mit (dem Parteidichter) Kosanke in einer Linie? Denn die kritischen Absätze wird man dir streichen, nur die Verbundenheit wird man ausposaunen und dich bis Ultimo beschämen.

CHEF: Hier, unter dem Original entstand die Kopie. Gesegnet sei das Kohlepapier.

ERWIN: So etwas lagert in Archiven, gerät unter Verschluß, wird dem unveröffentlichten Nachlaß zugeschlagen und kommt zu spät an den Tag.

VOLUMNIA: Und um dich werden Legenden sich bilden: Eigentlich war er dagegen. Vielmehr dafür, eigentlich. Gesprochen hat er so, aber sein Herz war – wo eigentlich? Beliebig wird man dich deuten: Ein zynischer Opportunist; ein Idealist üblicher Machart; er dachte nur ans Theater; er schrieb und dachte fürs Volk. Für welches? Mache dich deutlich. Eck an oder paß dich an. Und schreibe verzahnt, daß jene, die kürzen wollen, den Ansatz nicht finden.

CHEF: Niemand wird wagen, Zensur zu üben.

VOLUMNIA: Sei nicht kindisch. Ich weiß, du rechnest mit Strichen.

ERWIN: Ja, selbst ungekürzt liest sich das dürftig. Bist wirklich du der Verfasser? Dürftig und peinlich zugleich.

CHEF: Und dem Gegenstand angemessen. Soll ich schreiben: Glückwünsche ihnen, den verdienten Mördern des Volkes? Oder Glückwünsche ihnen, den unwissenden Überlebenden eines dürftigen Aufstandes? Und welcher Glückwunsch erreicht die Toten? – Ich, nur kleiner, verlegener Worte mächtig, schaute dem zu. Maurer, Eisenbahner, Schweißer und Kabelwickler blieben allein. Hausfrauen wollten nicht abseits stehen. Sogar Volkspolizisten schnallten die Koppel ab. Das Standgericht ist ihnen gewiß. Aufstocken wird man die Zuchthäuser in unserem Lager. – Aber auch drüben wird sich die Lüge amtlich geben. Der Heuchelei Gesicht wird Trauerfalten üben. Mein voreiliges Auge sieht nationale Lappen auf Halbmast fallen. Der Redner Chor, ich höre, wird solange aus dem Wort »Freiheit« schöpfen, bis es leergelöffelt ist. Jahre am Schnürchen stolpern dahin. Und nachdem man es zehn-, elfmal gezupft haben wird, das feierliche Kalenderblatt, wird man im Suff begehen den Siebzehnten, wie in meiner Jugend den Sedanstag. Satt ins Grüne ziehen seh ich im Westen ein Volk. Was übrigbleibt: Leergefeierte Flaschen, Butterbrotpapier, Bierleichen und richtige Leichen; denn an Feiertagen fordert der Verkehr ein Übersoll an Opfern. – Hier jedoch werden die Zuchthäuser nach elf, zwölf Jahren die Wrackteile dieses Aufstandes ausspeien. Die Anklage wird umhergehen. Viele Pakete Schuld wird sie adressieren und abschicken. Unser Paket ist schon da. *Er übergibt Original und Kopie an seine Assistenten Litthenner und Podulla.* Seid so gut und spielt mir die Boten. Das Original zum Sitz des Zentralkomitees; die Kopie sollte bei Freunden im Westen sicher liegen.

PODULLA: Chef, man wird höhnen, wir tragen auf beiden Schultern.

CHEF: Antwortet: Da wir zwei haben, nutzen wir jede.

Dieses deutsche Trauerspiel – »Die Plebejer proben den Aufstand« – lag, als es im Januar 1966 im Berliner Schillertheater uraufgeführt wurde, der Kritik in Ost und West quer. Dort als »konterrevolutionär«, hier als »Anti-Brecht-Stück« abgefertigt, war es bald von den Bühnen verschwunden. Durch die gegenwärtige revolutionäre Entwicklung bestätigt, nimmt sich der Autor das Recht, auf die Langlebigkeit seiner »Plebejer« zu setzen.

Doch habe ich vorgegriffen. Der fünfundzwanzigjährige Augenzeuge des 17. Juni 1953 war noch nicht soweit, direkt schreibend zu reagieren; Vergangenes, Verluste, seine Herkunft, Scham hingen ihm an. Und erst drei Jahre später, als ich von Berlin nach Paris zog, fanden sich – aus Distanz zu Deutschland – Sprache und Atem, um auf tausendfünfhundert Seiten in Prosa das zu schreiben, was mir trotz und nach Auschwitz notwendig war. Angetrieben von berufsspezifischer Vermessenheit, befördert durch anhaltende Schreibwut, ohne Unterbrechung, wenn auch in mehreren Fassungen, so entstanden in Paris, dann, nach meiner Rückkehr ab 1960 in Berlin, die Bücher »Die Blechtrommel«, »Katz und Maus« und »Hundejahre«.

Kein Schriftsteller, behaupte ich, kann ganz allein aus sich einen epischen Entwurf wagen, ohne angestoßen, provoziert, von außen in solch unübersehbare Geröllhalden verlockt zu werden. In Köln, auf der Durchreise, war es Paul Schallück, der mich anstieß, Prosa zu schreiben; provoziert hat mich die damals gängige, ja, regierungsamtliche Dämonisierung der Zeit des Nationalsozialismus – hell ausleuchten, ans Tageslicht bringen wollte ich das Verbrechen –; und verlockt, nach Rückfällen dennoch weiterzumachen, hat mich ein schwieriger, kaum zugänglicher Freund: Paul Celan, der eher als ich begriff, daß es mit dem ersten Buch und seinen siebenhundertdreißig galoppierenden Seiten nicht getan sein könne, daß vielmehr der profanen epischen Zwiebel Haut nach Haut abgezogen werden müsse und daß ich von solchem Unterfangen nicht Urlaub nehmen dürfe. Er machte mir Mut, fiktive Gestalten wie Fajngold, Sigismund Markus und Eddi Amsel, keine edlen, sondern gewöhnliche und exzentrische Juden in meine kleinbürgerliche Romanwelt zu fügen.

Wieso Paul Celan, dem gegen Ende der fünfziger Jahre die Wörter immer knapper wurden und dessen Sprache und Existenz auf Engführung hinausliefen? Ich weiß es nicht. Heute meine ich zu wissen, daß er, der Überlebende, sein Überleben nach Auschwitz kaum noch tragen, schließlich nicht mehr ertragen konnte.

Ich verdanke Paul Celan viel: Anregung, Widerspruch, den Begriff von Einsamkeit, aber auch die Erkenntnis, daß Auschwitz kein Ende hat. Seine Hilfe kam nie direkt, sondern verschenkte sich in Nebensätzen, etwa auf Spaziergängen in Parkanlagen. Mehr als auf die »Blechtrommel« hat sich Paul Celans Zuspruch und Dreinreden auf den Roman »Hundejahre« ausgewirkt, etwa zu Beginn des Schlußmärchens vor Ende des zweiten Teils, sobald sich neben der Flakbatterie Kaiserhafen ein Knochenberg türmt, den das bei Danzig gelegene Konzentrationslager Stutthof speist:

Es war einmal ein Mädchen, das hieß Tulla und hatte eine reine Kinderstirn. Aber nichts ist rein. Auch der Schnee ist nicht rein. Keine Jungfrau ist rein. Selbst das Schwein ist nicht rein. Der Teufel nie ganz rein. Kein Tönchen steigt rein. Jede Geige weiß es. Jeder Stern klirrt es. Jedes Messer schält es: Auch die Kartoffel ist nicht rein: Sie hat Augen, die müssen gestochen werden.

Aber das Salz? Salz ist rein! Nichts, auch das Salz ist nicht rein. Nur auf Tüten steht: Salz ist rein. Lagert doch ab. Was lagert mit? Wird doch gewaschen. Nichts wäscht sich rein. Doch die Grundstoffe: rein? Sind steril, doch nicht rein. Die Idee, die bleibt rein? Selbst anfangs nicht rein. Jesus Christus nicht rein. Marx Engels nicht rein. Die Asche nicht rein. Und die Hostie nicht rein. Kein Gedanke hält rein. Auch die Kunst blüht nicht rein. Und die Sonne hat Flecken. Alle Genien menstruieren. Auf dem Schmerz schwimmt Gelächter. Tief im Brüllen hockt Schweigen. In den Ecken lehnen Zirkel. – Doch der Kreis, der ist rein!

Kein Kreis schließt sich rein. Denn wenn der Kreis rein ist, dann ist auch der Schnee rein, ist die Jungfrau, sind die Schweine, Jesus Christus, Marx und Engels, leichte Asche, alle Schmerzen, das Gelächter, links das Brüllen, rechts das Schweigen, die Gedanken makellose, die Oblaten nicht mehr Bluter und die Genien ohne Ausfluß, alle Ecken reine Ecken, gläubig Zirkel schlügen Kreise: rein und menschlich, schweinisch, salzig, teuflisch, christlich und marxistisch, lachend, brüllend, wiederkäuend, schweigend, heilig, rund rein eckig. Und die Knochen, weiße Berge, die geschichtet wurden neulich, wüchsen reinlich ohne Krähen: Pyramidenherrlichkeit. Doch die Krähen, die nicht rein sind, knarrten ungeölt schon gestern: Nichts ist rein, kein Kreis, kein Knochen. Und die Berge, hergestellte, um die Reinlichkeit zu türmen, werden schmelzen kochen sieden, damit Seife, rein und billig; doch selbst Seife wäscht nicht rein.

Mit dem Roman »Hundejahre«, der – ich weiß nicht, warum – im Schatten der »Blechtrommel« seine Sperrigkeit beweisen muß und nicht nur deshalb dem Autor nahgeblieben ist, war vorläufig meine Prosaarbeit beendet. Nicht daß ich erschöpft war, doch glaubte ich voreilig, mich von etwas freigeschrieben zu haben, das nun hinter mir zu liegen hatte, zwar nicht abgetan, aber doch zu Ende gebracht.

Als mir im Sommer des letzten Jahres ein Auftrag des Hessischen Rundfunks Gelegenheit gab, in Göttingen vor Publikum die gesamte »Blechtrommel« an zwölf Abenden zu lesen, bot sich, neben der freiwilligen Anstrengung, wiederlesend das Vergnügen, mir als jungem Schriftsteller über die Schulter zu schauen: wie er den Grundgedanken eines nie geschriebenen Theaterstücks zum Epilog der Polnischen Post, zum Kartenhauskapitel abwandelte; wann zum ersten Mal das Wort Brausepulver erinnert werden wollte; welchen Parisbesuchern er Blechtrommel-Kapitel in erster Fassung vorgelesen hat: immer wieder Walter Höllerer; und wie wenig ihn die periodischen Totsagungen des Romans kümmerten.

Dreißig Jahre später läßt sich leicht sagen: Danach wurde alles schwieriger. Durch sich selbst gelangweilt, stand der Ruhm im Wege. Freundschaften wurden brüchig. Immer erwartungsträchtige Kritiker bestanden darauf, daß Danzig, einzig Danzig samt flachem und gehügeltem Umland mein Thema sein dürfe. Sobald ich mich, sei es mit dem Theaterstück »Die Plebejer proben den Aufstand«, sei es abermals mit Prosa – »örtlich betäubt« und »Aus dem Tagebuch einer Schnecke« – der Gegenwart, gar einem bundesdeutschen Wahlkampf bis ins provinzielle Detail zuwendete und mich überdies als Bürger politisch engagierte, war das Urteil fixfertig: Er sollte lieber bei Danzig und seinen Kaschuben bleiben. Die Politik hat bisher jedem Autor nur Schaden gebracht. Das wußte schon Goethe. Und weitere Ermahnungen schulmeisterlicher Art.

Doch dem Schreiben nach Auschwitz war und ist so fürsorglich nicht beizukommen. Die Vergangenheit wirft ihren Schlagschatten auf gegenwärtiges und zukünftiges Gelände. »Vergegenkunft« nannte ich später meinen Zeitbegriff, der im »Tagebuch einer Schnecke« zu erproben war. Angeregt durch Heines Fragment »Der Rabbi von Bacherach«, sollte einerseits die Geschichte der Danziger Synagogengemeinde bis zu ihrer Vernichtung beschrieben, also wiederum Vergangenheit eingeholt werden, andererseits war ich gegenwärtig unterwegs: Den Wahlkampf 1969 belastete eine Übereinkunft, nach der ein ehemaliger Nationalsozialist als Bundeskanzler der Großen Koalition erträglich sein sollte; und auf dritter Erzählebene mußten Bausteine für einen Essay über Albrecht Dürers Kupferstich »Melencolia I« gesucht werden: »Vom Stillstand im Fortschritt«. Die Form dieses in allen drei Zeiten gegenwärtigen Tagebuchs wurde durch die Fragen meiner Kinder bestimmt:

»Und wohin willste morgen schon wieder?«

»Nach Castrop-Rauxel.«

»Und was machste denn da?«

»Redenreden.«

»Immer noch Espede?«

»Fängt ja erst an.«

»Und was bringste mit diesmal?«

»Teilweise mich...«

...und die Frage, warum die Tapete nicht dichthalten wollte. (Was mit den Kutteln hochkommt und den Gaumen mit Talg belegt.)

Denn manchmal, Kinder, beim Essen, oder wenn das Fernsehen ein Wort (über Biafra) abwirft, höre ich Franz oder Raoul nach den Juden fragen:

»Was war denn los mit denen?«

Ihr merkt, daß ich stocke, sobald ich verkürze. Ich finde das Nadelöhr nicht und beginne zu plaudern: Weil das und zuvor das, während gleichzeitig das, nachdem auch noch das...

Schneller, als sie nachwachsen, versuche ich Faktenwälder zu lichten. Löcher ins Eis schlagen und offenhalten. Den Riß nicht vernähen. Keine Sprünge dulden, mit deren Hilfe die Geschichte, ein schneckenbewohntes Gelände, leichthin verlassen werden soll...

»Wie viele waren das denn genau?«

»Und wie hat man die gezählt?«

Es war falsch, euch das Ergebnis, die vielstellige Zahl zu nennen. Es war falsch, den Mechanismus zu beziffern;

denn das perfekte Töten macht hungrig nach technischen Details und löst Fragen nach Pannen aus.

»Hat das denn immer geklappt?«

»Und was war das für Gas?«

Bildbände und Dokumente. Antifaschistische Mahnmale, gebaut in stalinistischem Stil. Sühnezeichen und Wochen der Brüderlichkeit. Gleitfähige Worte der Versöhnung. Putzmittel und Gebrauchslyrik: »Als es Nacht wurde über Deutschland...«

Jetzt erzähle ich euch (solange der Wahlkampf dauert und Kiesinger Kanzler ist), wie es bei mir zu Hause langsam und umständlich am hellen Tag dazu kam. Die Vorbereitung des allgemeinen Verbrechens begann an vielen Orten gleichzeitig, wenn auch nicht gleichmäßig schnell; in Danzig, das vor Kriegsbeginn nicht zum Deutschen Reich gehörte, verzögerten sich die Vorgänge: zum Mitschreiben für später...

In diesem Buch, das 1972 erschien, steht, weil die Definition meines Berufes erfragt wird, die Antwort: »Ein Schriftsteller, Kinder, ist jemand, der gegen die verstreichende Zeit schreibt.« – Eine so akzeptierte Schreibhaltung setzt voraus, daß sich der Autor nicht als abgehoben oder in Zeitlosigkeit verkapselt, sondern als Zeitgenosse sieht, mehr noch, daß er sich den Wechselfällen verstreichender Zeit aussetzt, sich einmischt und Partei ergreift. Die Gefahren solcher Einmischung und Parteinahme sind bekannt: Die dem Schriftsteller gemäße Distanz droht verlorenzugehen; seine Sprache sieht sich versucht, von der Hand in den Mund zu leben; die Enge jeweils gegenwärtiger Verhältnisse kann auch ihn und seine auf Freilauf trainierte Vorstellungskraft einengen, er läuft Gefahr, in Kurzatmigkeit zu geraten.

Wohl deshalb, weil mir die Risiken meiner erklärten Zeitgenossenschaft bewußt waren, entwarf ich schon während der ersten Niederschrift des Schneckentagebuches, noch unterwegs auf Wahlkampfreise, beim Redenreden – und während ich mir beim Reden zuhörte – wie insgeheim, oder hinter dem eigenen Rücken, ein anderes Buch, ein Buch, das erlaubte, Geschichte rückläufig abzuspulen und die Sprache in die Schule des Märchens zu schicken. Es sollte wieder einmal ums Ganze gehen. Als hätte ich mich von der Schnecke und von der programmatischen Langsamkeit meiner Schneckenpartei erholen wollen, begann ich, kaum war das Tagebuch erschienen und abermals ein Wahlkampf bis zur ersten Hochrechnung ausgekostet, mit den Vorarbeiten für einen epischen Wälzer: »Der Butt«.

Hat dieses Buch mit meinem Thema »Schreiben nach Auschwitz« zu tun? Es geht um Nahrung: vom Hirsebrei bis zum Sülzkotelett. Es geht um Überfluß und Mangel, um das große Fressen und den anhaltenden Hunger. Um neun und mehr Köchinnen geht es und um die andere Wahrheit des Märchens »Von dem Fischer un syner Fru«: wie des Mannes Herrschaft immer mehr haben, immer schneller sein, immer höher hinaus will, wie der Mann sich Endziele setzt, die Endlösung beschließt, »Am Ende« ist; so heißt eines der Gedichte, die im »Butt« den Prosaablauf hemmen, kurzfassen oder auf ein anderes Gleis bringen:

Am Ende

Männer, die mit bekanntem Ausdruck
zu Ende denken,
schon immer zu Ende gedacht haben;

Männer, denen nicht Ziele – womöglich mögliche –
sondern das Endziel – die entsorgte Gesellschaft –
hinter Massengräbern den Pflock gesteckt hat;
Männer, die aus der Summe datierter Niederlagen nur
einen Schluß ziehen: den rauchverhangenen
Endsieg
auf gründlich verbrannter Erde;
Männer, wie sie auf einer der täglichen Konferenzen,
nachdem sich das Gröbste als technisch machbar
erwies,
die Endlösung beschließen,
sachlich männlich beschlossen haben;
Männer mit Überblick,
denen Bedeutung nachläuft,
große verstiegene Männer,
die niemand, kein warmer Pantoffel
hat halten können,
Männer mit steiler Idee, der Taten platt folgten,
sind endlich – fragen wir uns – am Ende?

Spätestens hier merke ich, daß mich das Thema meines Vortrags immer wieder und auch dann zur Rechenschaft zwingen will, wenn eine Erzählung, wie etwa »Das Treffen in Telgte«, für sich spricht. Die Rückdatierung der »Gruppe 47«, jenes literarischen Nichtvereins, dem ich viel verdanke, ließ sich zwanglos bis spielerisch ins Werk setzen; anders verhielt es sich mit einem Buch, das Orwells Jahrzehnt, die achtziger Jahre, einläuten sollte: »Kopfgeburten oder Die Deutschen sterben aus«. Wie schon beim »Butt«, im Kapitel »Vasco kehrt wieder«, ist nicht mehr Europa, auch nicht das doppelte Deutschland und ganz gewiß nicht Danzig-Gdańsk das Maß aller Dinge, vielmehr sind es die immer schneller wachsende und in wachsendem Elend verkümmernde Bevölkerung Asiens und das sogenannte Nord-Süd-Gefälle, die Druck machen und den erzählenden Text zu utopischen Sprüngen nötigen. Denn von China, Indonesien und Indien aus gesehen, schrumpft der alte Kontinent auf Spielzeuggröße, gibt die »deutsche Frage« endlich ihre Drittrangigkeit preis und wird das ertrotzte Schreiben nach Auschwitz abermals oder zusätzlich fragwürdig.

Wo noch kann Literatur ihren Auslauf finden, wenn die Zukunft schon vordatiert und von statistischen Schreckensbilanzen besetzt ist? Was ist noch zu erzählen, wenn die Fähigkeit des Menschengeschlechts, sich selbst und alles andere Leben auf vielfältige Weise zu vernichten, täglich unter Beweis gestellt werden könnte oder in Planspielen geübt wird? Sonst nichts, doch die atomare, stündlich mögliche Selbstvernichtung verhält sich zu Auschwitz und erweitert die Endlösung auf globales Maß.

Wer als Schriftsteller zu diesem Schluß kommt – und ab Anfang der achtziger Jahre bestätigte neuerlich Wettrüsten diese Folgerung –, der wird entweder das Schweigen zur Schreibtischdisziplin erheben müssen oder aber – und ich begann nach drei Jahren Enthaltsamkeit wieder an einem Manuskript zu arbeiten – auch dieses Menschenmögliche, die Selbstvernichtung, zu benennen versuchen.

»Die Rättin«, ein Buch, in dem »mir träumte, ich müßte Abschied nehmen...«, war ein Versuch, das beschädigte Projekt der Aufklärung erzählend fortzuschreiben. Doch der Zeitgeist und mit ihm das hochdotierte Geplapper eines Kulturbetriebs, der an sich selbst Genüge findet, war nicht zu irritieren. Einander vom Markt drängende Kunstmessen, überinszeniertes Regietheater und die Gigantomanie neuerdings kunstbeflissener Landesfürsten sind Kennzeichen der achtziger Jahre. Die unterhaltsame Geschäftigkeit des Mittelmaßes und deren Talkmaster, die sich den Freibrief »Alles ist möglich« ausstellten, doch die Pause, als Wagnis erschreckten Innehaltens, nicht mehr zuließen, diese dynamische Besinnungslosigkeit geriet erst dann ins Stolpern, als sich jenseits der zweifach gesicherten Wohlstandsgrenze die Völker Ost- und Mitteleuropas nacheinander erhoben und altmodischen Wörtern wie Solidarität und Freiheit neuen Sinn gaben.

Seitdem ist etwas geschehen. Gemessen an dieser Anstrengung, steht der Westen nackt da. Der Ruf drüben »Wir sind das Volk!« fand hier keine Entsprechung. Wir sind schon frei, hieß es. Wir haben schon alles, nur noch die Einheit fehlt. – Und schon schlägt, was gestern Hoffnung machte und Europa erkennen ließ, in deutsches Begehren um. Wieder einmal soll es das »ganze Deutschland« sein.

Indem ich meinen Vortrag unter die lastende Überschrift »Schreiben nach Auschwitz« stellte, sodann literarische Bilanz zog, will ich zum Schluß die Zäsur, den Zivilisationsbruch Auschwitz dem deutschen Verlangen nach Wiedervereinigung konfrontieren. Gegen jeden aus Stimmung, durch Stimmungsmache forcierten Trend, gegen die Kaufkraft der westdeutschen Wirtschaft – für harte D-Mark ist sogar Einheit zu haben –, ja, auch gegen ein Selbstbestimmungsrecht, das anderen Völkern ungeteilt zusteht, gegen all das spricht Auschwitz, weil eine der Voraussetzungen für das Ungeheure, neben anderen älteren Triebkräften, ein starkes, das geeinte Deutschland gewesen ist.

Nicht Preußen, nicht Bayern, selbst Österreich nicht, hätten, einzig aus sich heraus, die Methode und den Willen des organisierten Völkermordes entwickeln und vollstrekken können; das ganze Deutschland mußte es sein. Allen Grund haben wir, uns vor uns als handlungsfähige Einheit zu fürchten. Nichts, kein noch so idyllisch koloriertes Nationalgefühl, auch keine Beteuerung nachgeborener Gutwilligkeit können diese Erfahrung, die wir als Täter, die Opfer mit uns als geeinte Deutsche gemacht haben, relativieren oder gar leichtfertig aufheben. Wir kommen an Auschwitz nicht vorbei. Wir sollten, sosehr es uns drängt, einen solchen Gewaltakt auch nicht versuchen, weil Auschwitz zu uns gehört, bleibendes Brandmal unserer Geschichte ist und – als Gewinn! – eine Einsicht möglich gemacht hat, die heißen könnte: Jetzt endlich kennen wir uns.

Auch das Nachdenken über Deutschland ist Teil meiner literarischen Arbeit. Seit Mitte der sechziger Jahre bis in die gegenwärtig anhaltende Unruhe hinein gab es Anlässe für Reden und Aufsätze. Oft waren diese notwendig deutlichen Hinweise meinen Zeitgenossen zuviel der Einmischung, der, wie sie meinten, außerliterarischen Dreinrede. Das sind nicht meine Besorgnisse. Eher bleibt Ungenügen nach fünfunddreißig Jahren Bilanz. Etwas, das noch nicht zu Wort kam, muß gesagt werden. Eine alte Geschichte will ganz anders erzählt werden. Vielleicht gelingen noch die zwei Zeilen. So wird meine Rede zwar ihren Punkt finden müssen, doch dem Schreiben nach Auschwitz kann kein Ende versprochen werden, es sei denn, das Menschengeschlecht gäbe sich auf.

Lastenausgleich. Rede auf dem Parteitag der SPD in Berlin am 18.12.1989. In: *Frankfurter Rundschau,* 19.12.1989.

Kurze Rede eines vaterlandslosen Gesellen. Rede in der Evangelischen Akademie in Tutzing am 2.2.1990. In: *Die Zeit,* 9.2.1990.

Der Zug ist abgefahren – aber wohin? Offener Brief an Rudolf Augstein. In: *die tageszeitung,* 23.2.1990.

Einige Ausblicke vom Platz der Angeschmierten. Unter dem Titel *Was rede ich. Wer hört noch zu* in: *Die Zeit,* 11.5.1990.

Bericht aus Altdöbern. Rede im Berliner Reichstag anläßlich der konstituierenden Sitzung des »Kuratoriums für ein demokratisch verfaßtes Deutschland« am 16.6.1990. In: *Frankfurter Rundschau,* 30.6.1990.

Brief aus Altdöbern. Datiert »im Sommer 1990«. In: *Brief aus Altdöbern,* Remagen-Rolandseck 1991 (= Signatur: Zeit Schrift Bild Objekt Nr. 14).

Ein Schnäppchen namens DDR. Rede im Berliner Reichstag anläßlich der Vereinigung der beiden deutschen Staaten am 2.10.1990. In: *Die Zeit,* 5.10.1990.

Das geschändete Bild. Rede im Schloß Bellevue in Berlin am 8.3.1991. In: *Die Zeit,* 22.3.1991.

Schreiben nach Auschwitz. Frankfurter Poetik-Vorlesung, gehalten im Rahmen der Stiftungsdozentur Poetik an der Johann-Wolfgang-Goethe-Universität am 13.2.1990. Frankfurt am Main (Luchterhand) 1990. Auch in: *Die Zeit,* 23.2.1990.

Alle Texte folgen den Fassungen in Günter Grass: *Werke. Göttinger Ausgabe,* Bd. 12, Göttingen (Steidl) 2007.

Günter Grass

Unterwegs von Deutschland nach Deutschland

Tagebuch 1990

256 Seiten mit 20 Zeichnungen

*

Nach dem Mauerfall war Deutschland im Umbruch, und Günter Grass wollte nah dran sein an der Stimmung unter den Menschen und den politischen Debatten. Er war viel unterwegs in der Noch-DDR, war präsent, wo über die Zukunft und den Prozeß der Wiedervereinigung gesprochen wurde, pflegte einen regen Austausch mit seinen Kindern und Freunden.

Das Tagebuch von Günter Grass aus dem Jahr 1990 gibt Einblicke in den Alltag eines Zeitgenossen, der im Bewußtsein des historischen Moments leidenschaftlich lebt und streitet. Es steckt voller Begegnungen, Beobachtungen und Gedanken; Ideen zu späteren Erzählwerken keimen hier auf und entfalten sich. Das Tagebuch ist ein erzählerisches Protokoll aus einer Zeit, da die Geschichte wieder mächtig in Bewegung geraten war.

Günter Grass

Steine wälzen

Essays und Reden 1997–2007

Mit einem Nachwort von Oskar Negt

264 Seiten

*

Aus dem Inhalt: Wie ich zum Stifter wurde – Laudatio auf Yaşar Kemal – Der lernende Lehrer – Fortsetzung folgt … Die Nobelpreis-Rede – Nie wieder schweigen. PEN-Kongreß Moskau – Über das Brückenschlagen – Die Wiedervereinigung als andauernde Aufgabe – Das Unrecht des Stärkeren. Erklärung zum Irak-Krieg – Wir Urheber! – Freiheit nach Börsenmaß – Schreiben in friedloser Welt.